Wagenbachs Taschenbücherei
Die Reihe mit dem Karnickel

MEDI ROIA NV MA GALLIS CON DI TV M

APATHES

LUCIEN FEBVRE

DER NEUGIERIGE BLICK
LEBEN IN DER FRANZÖSISCHEN RENAISSANCE

Mit einem Vorwort von Peter Burke
Aus dem Französischen von Gabriele Ricke
und Ronald Voullié

Verlag Klaus Wagenbach   Berlin

Die fünf Essais dieses Bandes erschienen unter den Titeln *L'Homme du temps.*
L'effort vers la science. L'effort vers la beauté. L'effort vers le divin. Le mar-
chand du XVIe siècle in *Pour une histoire à part entière* bei den Editions de
l'École des Hautes Études en Sciences Sociales in Paris.
Veröffentlicht mit Unterstützung der Maison des Sciences de l'Homme, Paris,
und dem Ministère français chargé de la culture.

Wagenbachs Taschenbücherei 171
Originalausgabe
© 1982 Editions de l'École des Hautes Etudes en Sciences Sociales, Paris
© 1989 für die deutsche Übersetzung und das Vorwort von Peter Burke:
Verlag Klaus Wagenbach   Ahornstraße 4   1000 Berlin 30
Umschlaggestaltung Rainer Groothuis unter Verwendung des Bildes
Dame im Bade von François Clouet, um 1570
Gesamtherstellung durch die Druckerei Wagner, Nördlingen.
Gesetzt aus der Borgis Garamond
Printed in Germany. Alle Rechte vorbehalten. ISBN 3 8031 2171 X

Inhalt

Peter Burke

WIE LUCIEN FEBVRE
DIE RENAISSANCE ENTDECKTE

*I*n dem Jahrhundert, das Gelehrte
wie Marc Bloch und Fernand Braudel hervorgebracht hat, darf
Lucien Febvre noch immer zu Recht als einer der größten französischen Historiker gelten. Er war gleichsam der Seniorchef der
Firma *Annales*, die er und Bloch nach dem Ersten Weltkrieg während ihrer Zeit an der Straßburger Universität gegründet hatten.
Sein Verhältnis zu Braudel, den er in den dreißiger Jahren auf der
Rückreise aus Lateinamerika auf einem Ozeandampfer kennen-
lernte, war eher väterlicher Natur. Es war Febvre, der Braudel
dazu riet, das Schwergewicht seiner Doktorarbeit über Philipp II.
und das Mittelmeer, von Philipp II. auf das Mittelmeer zu verla-
gern, und Braudel widmet ihm das Werk mit der »Zuneigung eines
Sohnes«.[1] In der dritten, nach-Braudelschen Generation der *Annales* hat sich inzwischen eine Interessenverlagerung in Richtung so-
ziokultureller Geschichte eingestellt, die sich wie eine Rückkehr zu
Febvres Idealen ausnimmt.

Febvre gebührt ein doppeltes Verdienst. Man kennt ihn als den
Kreuzritter für eine neue Art von Geschichte: eine problemorien-
tierte Geschichte, die darauf verzichtet, Tatsachen um ihrer selbst
willen anzuhäufen; eine Geschichte des Denkens und Fühlens
ebenso wie eine Geschichte der institutionellen Strukturen und
politischen Ereignisse; eine Geschichte, die sich anderen Diszipli-
nen von der Geographie bis hin zur Linguistik öffnet – kurz, jene
Art von Geschichte, die man mit den *Annales* verbindet.

Febvre war ein unermüdlicher Prediger seiner Sache. Immer
neue Manifeste flossen aus seiner Feder, seine Kollegen wurden
gelobt und gerügt, und wer in seiner Arbeit als Historiker ver-
fehlte, was Febvre »unserer Art der Geschichte« nannte, erntete

unweigerlich seine Kritik. Seit ihrer Gründung 1929 bis zu seinem Tod 1956 gab Febvre die Zeitschrift *Annales* heraus. In den dreißiger Jahren erhielt er einen Ruf an das angesehene *Collège de France* und wurde als Vorsitzender des wissenschaftlichen Beirats mit der Herausgabe der voluminösen *Encyclopédie Française* betraut. Nach dem Krieg wirkte er an der Reorganisation der *École des Hautes Études* mit und wurde zum Präsidenten der berühmten *Sixième Section* ernannt. Als französischer UNESCO-Delegierter befaßte er sich mit der »Wissenschafts- und Kulturgeschichte der Menschheit«. Kurzum, Febvre war ein herausragender akademischer Politiker, unter dessen Ägide die intellektuellen Revolutionäre die etablierten historischen Institutionen Frankreichs in ihre Hand zu bringen vermochten. Die *Annales* begannen als die Zeitschrift einer ketzerischen Sekte und endeten als das offizielle Organ einer orthodoxen Kirche.[2]

Trotz allem blieb Febvre genügend Energie für eine wissenschaftliche Laufbahn im engeren Sinn. Er schrieb nicht nur darüber, wie man Geschichte zu schreiben habe, er schrieb sie auch selbst. Trotz seiner vielfältigen Interessen konzentrierte er seine Bemühungen auf ein einziges, das sechzehnte Jahrhundert, über das er nicht weniger als fünf umfangreiche Monographien veröffentlichte (ganz zu schweigen von einer bedeutenden Sammlung von Aufsätzen).[3] Wie sein Vorbild Jules Michelet identifizierte sich Febvre mit dem Zeitalter der Renaissance und der Reformation, »diese gewaltige und vollständige Umkehrung«, wie er sagte.[4]

Mit der Ausnahme der Biographie Martin Luthers beschäftigten sich alle diese Bücher ausschließlich mit jenem Teil Europas, in dem Französisch gesprochen wurde. (Es wäre anachronistisch, diese Region »Frankreich« zu nennen: in den Niederlanden und der Franche-Comté waren es Untertanen Philipps II. von Spanien, die Französisch sprachen, während manche Untertanen des Königs von Frankreich sich auf Okzitanisch, Flämisch oder Bretonisch verständigten.)

Die vier, hier zum ersten Mal in deutscher Übersetzung zugänglich gemachten Vorträge über die Frührenaissance in Frankreich wurden urspünglich 1924 gehalten. Sie geben eine kurze, klare und lebendige Einführung in die vier wichtigsten Themen aus Febvres Monographien: Bildung, Kunst, Religion und Gesellschaft.

Hier, wie an anderen Stellen seiner Schriften, weist Febvre »den ein wenig zu künstlichen und auch ein wenig beschränkten Blick« zurück, den die Literaturhistoriker uns allzu oft auf die Renaissance vorgegeben haben.[5] Febvre interessierte sich nicht für literaturgeschichtliche Periodisierungen, sondern für das Leben der Menschen im sechzehnten Jahrhundert. In seiner Dissertation untersuchte er zum Beispiel die Bibliotheksbestände der Anwälte und Kaufleute der Franche-Comté, um so den Wandel ihres intellektuellen Horizonts zu dokumentieren, ihre »brennende Neugierde« für Mensch, Natur und Gesellschaft.[6] In seinem Meisterwerk, dem Buch über Rabelais, studierte Febvre Literatur und Bildung der Renaissance nicht um ihrer selbst willen, sondern als Symptome einer sich wandelnden Mentalität.[7]

Auf ähnliche Weise näherte Febvre sich der bildenden Kunst. Zeit seines Lebens verlor er nie sein Interesse für die Kunstgeschichte – oder vielmehr: für die Kunst als einen Teil der Geschichte. Zu seinen frühesten Vorbildern gehörten Jacob Burckhardt und Louis Courajod, der Kunsthistoriker am Hof zu Dijon,[8] und als er an der *École Normale* studierte, zählte Émile Mâle zu seinen Lehrern. Mâle wird in den Vorträgen von 1924 zwar ausschließlich kritisch erwähnt, aber die gelegentlichen Divergenzen zwischen den beiden sollten uns nicht über ihre Gemeinsamkeiten hinwegtäuschen. Beide Gelehrte waren gleichermaßen anhaltend darum bemüht, die Kunst in ihrem gesellschaftlichen Kontext und als Dokument für den kulturellen und sozialen Wandel zu verstehen.[9]

Drei Punkte in Febvres Überlegungen zur Kunst der Renaissance verdienen hier besondere Bedeutung. Zum ersten weist er die herkömmlichen Versuche, die französische Renaissance durch das »Eindringen« italienischer Motive zu erklären, als oberflächlich zurück. Er beharrt auf einer »sozialen Erklärung« – einer Erklärung im Rahmen sozialer Bedürfnisse anstatt geographischer Diffusion. Weiter streicht er heraus, daß es sich bei den fraglichen Veränderungen nicht um Fälle einfacher Imitation, sondern um

Beispiele komplexer Adoptions- und Umstellungsprozesse handelt – eine Einsicht, die die Renaissancehistoriker erst in unseren Tagen ernst zu nehmen beginnen![10] Drittens benutzt Febvre die Kunst als eine Art dokumentarisches Material, anhand dessen sich herausfinden läßt, welche Art Religion die zeitgenössische Bourgeoisie bevorzugte. Diese analytische Strategie wurde bereits in seiner Dissertation zur Franche-Comté anhand einer großartigen Auswertung von Inventaren entwickelt und sollte in Febvres berühmten, späten Essay über die Geschichte der Laienreligion in Amiens noch einmal voll zur Geltung kommen.[11]

Was die Bourgeoisie wollte, war, so Febvre, »eine ihrer hieratischen Elemente entkleidete Religion voller Mitgefühl ..., in der das Herz fortwährend direkt angesprochen wird«.[12] Ein ähnliches Argument findet sich in seinem berühmten Aufsatz aus dem Jahr 1928, in dem er die Kirchengeschichtler darüber aufklärt, sie hätten bislang die falschen Fragen nach dem Ursprung der französischen Reformation gestellt, und fordert, sie sollten sich in Zukunft eingehender mit den spirituellen Bedürfnissen der Bourgeoisie im sechzehnten Jahrhundert beschäftigen. »Diese Bourgeoisie ... verlangte es nach ... einer klaren, leidlich humanen und in Ansätzen brüderlichen Religion.«[13] Eine weitere Variation bzw. Verkomplizierung dieser These findet sich in Febvres Biographie über Luther, die ebenfalls aus dem Jahre 1928 datiert und in der er die Theologie Melanchthons als »die Adaption der lutherischen Gedanken an die Bedürfnisse einer Bourgeoisie, die in Luther ihren Befreier begrüßt hatte« beschreibt.[14]

Was der Kunst recht war, war der Religion billig. Febvre lehnte jede »diffusionistische« Erklärung ab, in der die Veränderungen in Frankreich auf das »Eindringen« italienischer Bilder oder deutscher Ideen zurückgeführt wurde. Stattdessen lenkte er die Aufmerksamkeit auf das, was wir heute Rezeptionsgeschichte nennen, d. h. auf das innere Verlangen bzw. psychische Bedürfnis nach Veränderung, aufgrund dessen die fremden Bilder und Ideen so offenherzig empfangen wurden. Für ihn drehte sich die entscheidende Frage um die Veränderungen im religiösen Empfinden (*le sentiment religieux*).[15] Seine Erklärung für diese Veränderungen war, wie wir gesehen haben, sozialer Natur: sie verdankten sich den Aufstieg der Bourgeoisie.

Es mag überraschen, daß Lucien Febvre in diesem Punkt Karl Marx so nahe stand. Febvre erwähnte Marx nur selten und es ist bekannt, wie sehr er jede Art von Determinismus verabscheute.[16] Doch der junge Febvre bewunderte Jean Jaurès' historische Studien zur Französichen Revolution und auf dem Umweg über Jaurès' Werk (das »zugleich materialistisch mit Marx und mystisch mit Michelet« zu sein beanspruchte) scheint Febvre die Wichtigkeit von Klassenkonflikten für die Geschichte akzeptiert zu haben.[17]

Wie dem auch sei, Febvres Doktorarbeit von 1911,[18] beschäftigte sich ausgiebig mit dem Kampf zwischen dem niedergehenden Adel der Franche-Comté, der sich zusehends tiefer verschuldete, und der aufsteigenden Bourgeoisie der Kaufleute und Anwälte, die nach und nach dessen Grundbesitz aufkauften. Febvre unterschied sich von Marx, insofern er den Kampf zwischen diesen beiden Gruppen »nicht bloß [als] wirtschaftlichen Konflikt, sondern auch [als] einen Konflikt der Ideen und Gefühle« beschrieb.

Uns heutigen mag es simpliziert vorkommen, wenn Febvre – und Marx – sich dermaßen auf die Rolle einer einzigen sozialen Gruppe für die Reformation konzentrierten. Neuere Forschungen betonen demgegenüber, welcher Anteil an den Veränderungen jener Zeit beispielsweise den Frauen, dem Adel, den Handwerkern oder gar der Gärtnerzunft zu Straßburg gebührt, die den radikalen Prediger Matthäus Zell in ihre Stadt einlud. Mögen diese speziellen Erkenntnisse auch von Febvres eigenen Ergebnissen abweichen, er war es, der bereits in den zwanziger Jahren jenen historischen Ansatz verfolgte, auf dem sie alle beruhen – die Erforschung der Sozialgeschichte der Reformation.

Aus dem Englischen von Robin Cackett

1 F. Braudel, »Présence de Lucien Febvre« in *Eventail de l'histoire vivante: hommage à Lucien Febvre* (1953), S. 1-16.

2 Solcherlei kirchliche Bilder drängen sich unwillkürlich auf, wenn man über Febvre schreibt. H. S. Hughes sprach einmal vom »Pontifikat Febvre« (in *The Obstructed Path*, New York 1965, S. 55 f.); siehe auch U. Raulff, »Der streitbare Prälat«, Nachwort in *Das Gewissen des Historikers*, hrsg. von U. Raulff, Berlin 1988, S. 235-253. Vgl. dagegen Febvres eigenen Ausspruch »oportet haereses esse« [es gehört sich, Häretiker zu sein] in seiner Inauguralvorlesung von 1933, abgedruckt in *Combats pour l'histoire*, Paris 1953, S. 16.

3 *Philipp II et la Franche-Comté* (1912); *Un destin, Martin Luther* (1928); *Le problème de l'incroyance au XVIe siècle* (1942); *Origène et Des Périers* (1942); *Amour sacré, amour profance* (1944). Die Aufsatzsammlung heißt *Au coeur religieux du XVIe siècle* (1957).

4 »La première Renaissance«, in *Pour une histoire à part entière*, Paris 1962; S. 581, dt. in diesem Band S. 76. Vgl. L. Febvre, »Comment Jules Michelet inventera la Renaissance« in *Pour une histoire* ..., S. 717-729, dt. »Wie Jules Michelet die Geschichte erfand« in *Das Gewissen des Historikers*, hrsg. von U. Raulff, Berlin 1988, S. 211-21.

5 »La première Renaissance« in *Pour une histoire* ... S. 563, dt. in diesem Band S. 53.

6 *Philippe II. et la Franche-Comté*, Paris 1912, S. 345f und 360. Wiederaufgelegt mit einem Vorwort von Fernand Braudel, Paris 1970.

7 *Le problème de l'incroyance* ..., S. 383f.

8 *Combats...*, S. VI.

9 Zur Kritik an Mâle siehe »La première Renaissance«, S. 570, dt. in diesem Band, S. 329. Daß Febvre sich dennoch weiterhin auf Mâle berief zeigt, zum Beispiel, *Le problème de l'incroyance...*, S. 369

10 Ebd., S. 584.

11 Ebd., S. 597; *Philippe II et la Franche-Comté*, passim; »Changement de climat: A Amiens: de la Renaissance à al Contre-Rèforme« in *Au coeur religieux*, S. 274-290, dt. »Amiens: Von der Renaissance zur Gegenreformation« in *Das Gewissen des Historikers*, hrsg. von U. Raulff, Berlin 1988, S. 175 ff.

12 »La Première Renaissance«, *in Pour une histoire...*, S. 597, dt. in diesem Band, S. 96.

13 L. Febvre, »Un question mal posée« (1928), abgedruckt in *Combats...;* das Zitat findet sich auf S. 38.

14 L. Febvre, *Un destin, Martin Luther*, Paris 1928, S. 291, dt. *Martin Luther. Religion als Schicksal*, Berlin/Wien 1976, S. 174.

15 Der Ausdruck wurde durch Henri Bremonds mehrbändige *Histoire du sentiment religieux en France* berühmt, aus der Febvre eine Menge an Anregungen zog.

16 Zur Ablehnung des Determinismus siehe L. Febvre, *La terre et l'évolution humaine*, Paris 1922.

17 *Combats...*, S. vi. Die Studie von Jaurès hieß *Histoire socialiste: la constituante*, das Zitat entstammt S. 8.

18 *Philippe II et la Franche-Comté*, étude d'histoire politique, religieuse et sociale, Paris 1912 (Phil. Diss. von 1911).

DIE HAUPTASPEKTE EINER
ZIVILISATION

Einleitung

Civilisation schrieb Littré 1873 in seinem Wörterbuch, »ist der Zustand dessen, was zivilisiert ist, also die Gesamtheit von Meinungen und Sitten, die aus dem wechselseitigen Einfluß von Handwerk, Religion, Kunst und Wissenschaften hervorgeht«.

Die Formulierung hätte eleganter sein können, aber der Gedanke ist dennoch klar. Die Zivilisation ist eine Resultante: die Resultante von materiellen und moralischen, von intellektuellen und religiösen Kräften, die zu einem bestimmten Zeitpunkt in einem bestimmten Land auf das Bewußtsein der Menschen einwirken.[2] Littré hat sich zwar ungeschickt ausgedrückt, aber er hat gut beobachtet.

Indem wir uns eng an diesen Begriff halten, wollen wir auf den folgenden Seiten ›die Gesamtheit von Meinungen und Sitten‹ einer Gesellschaft, die so reich an verschiedenen Ausdrucksformen ist, wie die französische der frühen Renaissance, nicht unbedingt studieren und rekonstruieren. Und es geht uns noch weniger darum, jene taktlosen Gastgeber zu imitieren, die man am Sonntag in ihrem Landhaus besucht und die einem weder einen Kohl aus ihrem Gemüsegarten noch ein Karnickel aus ihrem Kaninchenstall anbieten. Nein, wir werden uns auf das Wesentliche beschränken. Wir werden uns an das halten, was diese *Civilisation* der französischen Renaissance, die auch heute noch ein hohes Ansehen genießt, in ihren ursprünglichen Hochformen tatsächlich charakterisiert hat. Nämlich das Streben nach Wissenschaft, nach Schönheit und nach dem Göttlichen. Werden darin nicht, alles in allem gesehen, die leidenschaftlichen Aktivitäten der Menschen dieser Zeit zusammengefaßt und am besten charakterisiert, also der Menschen, die

die Renaissance, den Humanismus und die Reformation erlebt (und gemacht) haben? Zumindest soll das der Gegenstand unserer Untersuchung sein.

Und der Ort, an dem all diese edlen Bestrebungen zusammentreffen, ist das menschliche Bewußtsein. Die Geschichte ist eine Wissenschaft vom Menschen. Michelet beglückwünscht sich in seiner glänzenden *Introduction*, daß er ihr ›diese feste Grundlage‹, nämlich die Erde, gegeben hat. Aber was auf dieser ebenso stabilen wie vielfältigen Grundlage auf die Füße gestellt werden muß, das sind die Menschen. Bei Renaissance, Humanismus und Reformation handelt es sich für uns nicht um personifizierte Abstraktionen, die am Himmel umherschweifen, wo die Chimäre den sekundären Intentionen folgt. Wir versetzen uns sogar in das Bewußtsein ihrer Schöpfer, um diese weitreichenden Bewegungen besser beurteilen zu können.

War dieses Bewußtsein unserem Bewußtsein ähnlich? – Was das Wesentliche betrifft, ist der Mensch zu allen Zeiten und überall immer derselbe . . . Das ist mir schon klar. Ich kenne die alte Leier. Aber das ist nur ein Postulat. Und, wie ich hinzufügen möchte, ein Postulat, das für den Historiker wertlos ist. Für ihn gibt es (ebenso wie für den Geographen, wie wir schon einmal festgestellt haben[3]) nicht den Menschen, sondern Menschen. Menschen, deren besondere Originalität er mit aller Anstrengung begreifen möchte, deren Eigentümlichkeiten er erkennen möchte, also alles, worin und wodurch sie sich von uns unterscheiden. Menschen, die nicht wie wir gelebt, gefühlt und gehandelt haben.

Wenn man verstehen will, was die Renaissance oder die Reformation war, muß man sich diese Menschen vom Beginn des 16. Jahrhunderts ansehen. Sie zu ›rekonstruieren‹, sie in ihrer realen Einheit wieder zusammenzusetzen, ist eine fast unmögliche und überdies unnütze Aufgabe. Seien wir nicht so ehrgeizig. Beschränken wir uns zur Einführung darauf, sie heraufzubeschwören und auf den Bildschirm unseres Vorstellungsvermögens einige typische Silhouetten zu projizieren. Sie nur schon gesehen zu haben, wird uns zweifellos von Nutzen sein, und erst später, nachdem wir gesehen haben, werden wir versuchen zu begreifen.

DER MENSCH IN SEINER ZEIT

DER FRANZOSE IN DER RENAISSANCE

Wer sind wir? Was sind wir heute, wir Franzosen des 20. Jahrhunderts? Vieles und Verschiedenes. Aber als physische Wesen, die wir unsere materielle Existenz leben, sind wir im wesentlichen Städter, seßhafte Wesen mit verfeinerter Lebensart.

Wir sind Städter. Wir leben dementsprechend, in der Stadt, in der modernen Großstadt, die nicht nur ein Bereich ist, in dem mehr Menschen auf engerem Raum leben als früher, sondern ein Bereich, in dem der Mensch nicht mehr derselbe wie früher ist. In diesem Bereich sieht zum Beispiel die Alterspyramide ganz anders aus auf dem Land aus, beziehungsweise trifft man hier verhältnismäßig wenig Kinder und Greise und viele Erwachsene, die ihre Kindheit keineswegs in der Stadt verbracht haben und die oft auch nicht ihr Alter dort verbringen werden, sondern die dort die Kräfte ihrer Jugend und ihres Erwachsenenlebens verschleißen. Außer in den wenigen Urlaubsstunden sind die Verbindungen zwischen uns und dem Land abgerissen. Überdies ist das Land für uns Städter nur zur Erholung der Nerven und zur Erquickung des Auges da und nicht zur Bearbeitung mit den Händen.

Wir sind seßhaft. Wir reden in den höchsten Tönen von unseren Reisen und von unseren hektischen Ausflügen mit dem Auto oder dem Flugzeug. Aber es gibt auch unzählige Lobreden über unser tiefes Bedürfnis nach Seßhaftigkeit. Denn die wachsende Geschwindigkeit der Maschinen, ihre Bequemlichkeit, ihre leichte Handhabbarkeit und schließlich ihr Komfort ermöglichen es uns, große Reisen zu machen, ohne lange fortzubleiben. Es ist heute selten, daß der normale Mensch seine Wohnung nicht in weniger als achtundvierzig Stunden wieder erreichen kann!

Städter. Seßhafte. Und ein hoher Lebensstandard. Man braucht nur darüber nachzudenken, welche Bedeutung das alte Wort *Kom-*

fort in unserer Sprache bekommen hat, in der es zu unserem modernen, selbstzufriedenen Komfort geworden ist, ein Wort, das wir mit Erleichterungen und materiellen Bequemlichkeiten verbinden: Licht, das mit einem Fingerdruck an- oder ausgeht; eine Lufttemperatur, die unabhängig von den Jahreszeiten ist; Wasser, das auf Befehl, ganz nach Wunsch, jederzeit und überall heiß oder kalt fließt; all das und tausend andere Wunder, über die wir nicht erstaunt sind; all das und der Körper, der dadurch geformt wird; und das körperliche Temperament, das dadurch schließlich entsteht; und die Krankheiten, die dadurch vermieden werden und die uns dadurch zugefügt werden; die Arbeits- und Reflexionsformen, die Sitten, die Gebräuche und die Denk- und Empfindungsweisen, die daraus resultieren: sind das wirklich Äußerlichkeiten, braucht es nicht gesagt oder festgehalten werden?

Tatsächlich bindet uns das alles. Das alles hält uns. Als Städter, Seßhafte und Zivilisierte mit einem hohen Lebensstandard sind wir dreifach den gefräßigen Bedürfnissen unterworfen, die wir uns geschaffen haben.

So gesehen, waren die Menschen im 16. Jahrhundert frei.

Sind die Menschen des 16. Jahrhunderts unter der Herrschaft von Karl VIII., Ludwig XII. und Franz I. Städter gewesen? Nein, sie waren Landbewohner.

Es gab überhaupt keine Großstädte im modernen Sinn des Wortes. Gewiß, die Fremden und die Franzosen selber rühmten ihre Städte. Sie feierten Paris als Weltwunder. Aber wie sahen diese Städte aus?

Die Stadt im 16. Jahrhundert? Auf alten zeitgenössischen Stichen ist sie zu betrachten, in den Kosmographien und Grundrißsammlungen von Münster, Belleforest, Antoine du Pinet, Braun und Hogenberg ... Sie ist von zinnenbewehrten Mauern umgeben und von runden Türmen flankiert. Ein Hohlweg führt zum schmalen Stadttor, zur Zugbrücke, die Tag und Nacht von Soldaten bewacht wird. Rechts, ein schlichtes ländliches Kreuz. Gegenüber, auf einem kleinen Hügel, ein riesiger Galgen, der Stolz der Bürger, an dem die Körper der Erhängten langsam verwesen. Oft hängt über dem Tor, unter einer Schrifttafel, auf eine eiserne Lanze gespießt, ein abgeschlagener Kopf oder ein Arm, ein Bein, irgendein abscheulicher Fetzen des menschlichen Fleisches, das der Henker in Stücke gehauen hat: so sah die Rechtsprechung zu einer Zeit aus, in der die Menschen noch nicht so empfindlich waren.

Ein Hohlweg führt zum Tor. Wenn man dieses durchschritten hat, öffnet sich die Straße, gewunden und verwahrlost, mit ihrer dreckigen Gosse in der Mitte, mit ihren Jauchefladen, die aus den daneben liegenden Misthaufen heraussickern, völlig verschlammt, wenn es regnet, so daß man nicht hinaus kann, und ohne Abflußmöglichkeit; staubig, wenn die Sonne brennt, so daß es schwerfällt zu atmen. Und es herrscht ein Durcheinander von Straßenjungen, Enten, Hühnern, Hunden und sogar Schweinen, die sich dort entgegen jeder Stadtverordnung einträchtig umhertreiben.

Treten wir ein und sehen wir uns um. Jede Familie hat wie auf dem Lande ihr eigenes Haus. Wie auf dem Lande hat jedes Haus einen Garten, der hinter den Gebäuden liegt, mit Holzzäunen, die die Gemüsebeete eingrenzen. Alles ist wie auf dem Lande, weil das Leben in der Stadt nur ein kaum verändertes Landleben ist: jedes Haus hat seinen Speicher mit einer Dachluke und einem Flaschenzug, um Heu, Stroh, Getreide und Wintervorräte heraufzuschaffen. Jedes Haus hat einen Herd, an dem die Hausherrin und die Bediensteten die ganze Woche kochen. Jedes Haus hat eine Weinpresse in der Nähe des Kellers, der Ende Oktober vom Duft des neuen Weins erfüllt ist. Und schließlich hat jedes Haus einen Pferdestall mit Reit- oder Zugpferden und einen Stall mit Rindern, Kühen und Schafen, die der Hirte des Stadtviertels jeden Morgen mit seinem Horn zusammenruft und die er am Abend wieder zum Haus zurücktreibt ...

Das ist also die Stadt. Sie ist durch das Land geprägt, das sogar in das Innere der Häuser eindringt, in die Wohnstube des wohlhabenden Bürgers. Die Pächter bringen dem Herrn in regelmäßigen Abständen Produkte von seinen Ländereien und stellen auf den glasierten Bodenkacheln ihre Körbe ab, die schwer von ländlichen Gaben sind. Es bestimmt die Tätigkeit des Rechtsvertreters, des

Verwalters oder des Advokaten, da die prozeßführenden Parteien Hasen, Kaninchen, Hähne oder Enten als Beweisstücke in den Händen halten.[4] Das Land dringt in alle Räume ein. Im Sommer mit den auf den Boden gestreuten Blumen und Blättern, die man auch in den Rauchfang stellte, um eine feuchte und duftige Frische aufrechtzuerhalten. Im Winter mit der dicken Strohschicht, die man nun auf dem Kachelfußboden ausbreitete, um Mensch und Tier warm zu halten. Es dringt sogar in die Sprache ein, die voll von ländlichen Nachklängen ist. Man datiert die Jahreszeiten danach, ob die Zikaden zirpen, ob die Veilchen blühen oder ob das Getreide sich gelb verfärbt. Die Stadt mit ihren Obstgärten, Beeten und grünen Bäumen ist nur ein Land, das etwas mehr bevölkert ist. Das Leben in ihr ist weder hektischer noch höher entwickelt als im Dorf. Diese Stadt band den Menschen nicht.

Wieviele Menschen lebten damals auf Kosten all derer, die auf dem Lande lebten, in der Stadt?

Lebten auf dem Lande nur Bauern? Nein, oder zumindest nicht nur. Alle Adeligen Frankreichs lebten damals auf dem Land.[5] In ihren Schlössern? Es gab welche. Und diese Schlösser waren oft wunderschöne Wohnsitze. Aber man wende einmal für einen Moment den Blick von den antikisierenden Fassaden, von den üppigen Skulpturen und vom fein bearbeiteten Marmor ab. Man betrachte diese schönen Residenzen ganz einfach mit den Augen eines Mieters, der eine Wohnung besichtigt. Alle Zimmer sind quadratisch und in einer langen Reihe angeordnet, riesig und monoton; eine Mauer vorn, eine Mauer hinten, Fenster in der rechten und linken Wand. Und wenn man vom einen Ende der Etage zum anderen gelangen will, muß man alle ineinander übergehenden Säle durchqueren. Das war nicht nur in Frankreich so. Benvenuto Cellini macht uns in seinen amüsanten Memoiren mit den außerordentlich pittoresken Gründen für den Haß bekannt, den er sich (wie er sagt) von Seiten der Großherzogin der Toskana zuzog.[6] Als Cosimo von Medici in Florenz seinen bevorzugten Bildhauer zu sich rief, mußte Cellini alles stehen und liegen lassen und sich sofort zu seinem Herrn begeben. Sehr schnell, beinahe laufend, durchquerte er das Tor, stieg die Treppe empor und schickte sich an, den Herzog zu treffen. Er ging von Saal zu Saal und durchquerte alle. Aber nicht alle waren Prunkzimmer. Es gab auch intime Räume, sehr intime sogar, die von der Großherzogin persönlich benutzt wurden. Und manchmal, wie uns Cellini erzählt (ohne anscheinend erstaunter zu sein, als es recht und billig ist) – kam es vor, daß diese Räume nicht leer waren, wenn er sie durchquerte, und daß der Künstler gezwungen war, im Vorübergehen einer hohen und mächtigen Persönlichkeit seine Referenz zu erweisen, die stark beschäftigt war und für die das plötzliche Auftauchen eines Mannes in diesen privatesten Räumen offensichtlich eine sehr ärgerliche Störung bedeutete ... Aber was hätte Cellini tun sollen? Der Großherzog wartete. Und es gab nur einen Weg.

Das geschah in Florenz, in den Uffizien. In jenem Florenz, das gegenüber dem Frankreich jener Zeit ein unerhörtes Maß an verfeinertem Lebensstil kannte. Man beurteile nach diesem Beispiel die tatsächliche Bequemlichkeit unserer Schlösser. Es ist unter anderem gewiß, daß man in ihnen im Winter vor Kälte zitterte. Wir bewundern die hohen Kamine, die in den riesigen rechteckigen Sälen ganze Wände einnehmen. Und wir haben natürlich recht. Haben wir nicht genügend Muse dazu, nachdem eine Zentralheizung in das Schloß eingebaut worden ist? Die Menschen im 16. Jahrhundert bewunderten sie auch; aber um das tun zu können, behielten sie ihre Pelzmäntel an und ihre Mütze auf dem Kopf. Eine Armee von Holzträgern hatte Mühe und Not, körbeweise Reisigbündel und Holzscheite von einem beheizten Zimmer zum anderen zu schleppen. Alle Kamine, die in Chambord oder in Blois rauchten (und oft die Zimmer eingeräuchert haben), hätten sicherlich nicht ausgereicht, um unserem Sybaritismus zu genügen. Wenn man nicht dicht am Feuer saß, erstarrte man vor Kälte. Und wenn das Feuer hochaufloderte und man sich in den Rauchfang setzte, wurde man gebraten. Um diese verdrießlichen Extreme zu vermeiden, blieb man daher wohlweislich bekleidet und zugedeckt: warm bekleidet und warm zugedeckt ... Menschen, die froren, die in ihrem Heim ständig zitterten; Menschen, deren Haus

Schloß Chambord, 1519-1538 erbaut unter Franz I.,
Stich von Haske nach Asselineau, um 1860

somit ganz einfach das Land fortsetzte, ohne durch seine freundli-
che Wärme einen besonderen Gegensatz zu ihm zu bilden – kann
man wirklich glauben, daß ihre Vorstellungen über das ›home‹,
über den heimischen Herd und die familiäre Zurückgezogenheit
genau dieselben waren und sein konnten, wie die unseren, die wir
nach der Zentralheizung süchtig und von ihr abhängig sind? Stellen
wir uns einmal vor, die Vorstellungen, die wir von unserem Haus,
von unserem Heim haben, würden plötzlich aus dem Hirn und aus
dem Bewußtsein eines heutigen Menschen gelöscht, und – ermes-
sen wir die Leere … Wenn man sich vorstellt, wie diese Paläste
aussahen, überrascht man sich häufig dabei, wie man schüchtern
die Worte von Bernhard Spick murmelt, dem Mönch aus Amiens,
der mit Epistemon[7] Florenz besuchte, und wie man mit ihm sagt:
dieser Granit und dieser Marmor mag ja ganz schön sein, dagegen
will ich nichts sagen, aber die Sahnetörtchen in Amiens, die köst-
lich duftenden Garküchen – und dann erst die jungen Dirnen bei
uns zulande: diese schönen Dinge zum Genuß, zum Gebrauch und
zur Bequemlichkeit haben ihren Preis – alles in allem gesehen,
sogar einen sehr hohen Preis …

Außerdem hat man Schlösser wie Blois, Chambord, Chenonceaux, Azay, Amboise, Oiron und Bonnivet schnell aufgezählt. Sie sind die Ausnahmen. Ein Landedelmann, der nichts von einem Fürsten hatte, besaß gewöhnlich ein Gutshaus, in dem er drei Viertel der Zeit in einem einzigen Raum verbrachte, nämlich in der Küche. Bis zum 18. Jahrhundert hatte das französische Haus kein spezielles Eßzimmer. Sogar Ludwig XIV. aß an Wochentagen noch in seinem Schlafzimmer an einem viereckigen Tisch vor dem Fenster. Die bescheideneren Grundherren des 16. Jahrhunderts aßen gewöhnlich in ihrer Küche, die man in einigen Provinzen als »Wärmstube« (chauffoir) bezeichnete. Damit ist das Stichwort gefallen. In der Küche war es warm oder, genauer gesagt, weniger kalt als anderswo. Hier brannte ständig ein Feuer. Ein wohlriechender Dunst entwich aus den Kochtöpfen und sorgte für eine etwas schwere Luft, aber es war warm und anheimelnd. Auf dem Boden hielt frisches Stroh die Füße warm. Außerdem waren immer mehrere Personen in der Küche. Die Leute lebten hier Seite an Seite. Und die Menschen im 16. Jahrhundert mochten das enge Beieinandersein. Wie alle Bauern verabscheuten sie die Einsamkeit. Unsere Schamhaftigkeit gab es im 16. Jahrhundert noch nicht. Unser Bedürfnis nach Abgeschiedenheit war völlig unbekannt. Als Beispiel will ich die Größe der damaligen Betten anführen, die wahrhafte Monumente waren, in denen man ohne Hemmungen oder Skrupel oft zu mehreren schlief.[8] Jedem sein eigenes Zimmer – das ist eine ganz moderne Idee. Wozu soll das gut sein, hätten sich unsere Vorfahren gefragt. Ein Raum für jede Tätigkeit – das ist eine weitere moderne Idee. In der Küche kamen alle zusammen, und dort wurde alles gemacht, oder jedenfalls fast alles.

Dort waren zunächst der Grundherr und seine Frau, sie nahmen – dem Feuer zugewendet – auf ihren Holzstühlen Platz. Auf Bänken saßen ihre Kinder, Jungen und Mädchen. Gelegentlich waren Gäste da, der Gemeindepfarrer, ihre Leute. Geschäftig deckten die Dienerinnen unter den wachsamen Augen der Herrin den Tisch oder räumten ihn ab. Die fleißigen Pächter, die Feldarbeiter, die zur Stunde der Abendmahlzeit vor Erschöpfung gebeugt und verdreckt zurückkehrten, ließen sich auf die Stühle niederfallen und erwarteten ihr tägliches Brot. Und zwischen all diesen Leuten liefen die Haustiere herum: Hühner und Enten waren unter dem Tisch zu Hause; Jagdvögel hockten auf den Schultern der Jäger; Hunde wälzten sich zu Füßen der Herren im Stroh und suchten unter den Röcken der Frauen nach ihren Flöhen oder rösteten sich an der brennenden Glut ...

Man aß – langsam, mit Methode und Respekt, grobe Kost. Brot, das nur selten aus Weizen bestand, zähen Mehlbrei oder große Teller von in Milch gekochter Grütze und Hirse, die die Stelle der unbekannten Kartoffel oder von nicht vorhandenen Teigwaren einnahmen. Häufig stellte jeder ein *tranchoir* vor sich hin. Darunter muß man sich ein rundes Stück von sehr altem und trockenem Brot vorstellen. Darauf tat er sich mit drei Fingern die Speisen, die er selber aus der Schüssel nahm ... Wenig Schlachtfleisch: das gab es nur bei Hochzeiten oder Festmahlzeiten. Speck kam häufiger vor. Aber die mageren Tage waren zahlreich, ebenso wie Tage des Fastens und der Abstinenz, ohne von der langen Fastenzeit zu reden, die immer so streng eingehalten wurde, daß man völlig geschwächt aus ihr hervorging. Das Fleisch der damaligen Zeit war Wild oder Geflügel. Den Reiz, den rotes Fleisch ausübt, Fleischspeisen, die mit Alkohol und Wein genossen werden, diese Illusion von Kraft und Stärke, die der moderne Mensch mit seinen normalen Mahlzeiten verbindet; diese Art von unmittelbarer Anregung der Nerven, die selbst den Ärmsten in unserer heutigen Gesellschaft durch den Kaffee bekannt ist – nichts davon gab es im 16. Jahrhundert. Nur Gewürze wurden übermäßig benutzt. Dabei gab es nur Grenzen, die von der Börse festgelegt wurden, denn die Gewürze wurden in Lissabon oder Antwerpen nicht gerade billig verkauft. Aber diese Leute, die weder Tabak noch Kaffee, Tee oder Alkohol kannten, und kaum rotes Fleisch – ihre Art, sich aufzuputschen bestand darin, den Körper mit Pfeffer, Ingwer, Muskat oder deftigen Senfsorten zu entflammen ...

Ansonsten lebten sie, insgesamt gesehen, nur wenig im Haus, wo sie sich nur zu den Mahlzeiten einfanden oder wenn es zu stark regnete und auf den Feldern nicht gearbeitet werden konnte. Sie blieben dort, wenn die Nacht hereinbrach und die Abendstunden begannen ... Die Nacht kann keiner besiegen. Die Küchen oder Zimmer wurden noch am besten von den hohen Flammen des Kaminfeuers erleuchtet. Lampen? Stinkende Kerzenstummel, die rußten, knisterten oder qualmten, verpesteten die Luft. Wir können uns nur schwer vorstellen, wie eine dieser riesigen Küchen im 16. Jahrhundert nach drei oder vier Stunden engen Beieinanderseins ausgesehen haben mag, in der ungefähr zwanzig Personen sich in Arbeitskleidung zusammendrängten, vermischt mit einem ganzen Zoo, im Mief von Tieren, Menschen und Nahrungsmitteln – mit dem durchdringenden Gestank von knisternden Dochten und von dreckigen Gamaschen, die am Feuer trockneten ... Ich stelle mir vor, wie ein lernbeflissener Knabe unter diesen Bedingungen wohl in seiner Ecke lesen und studieren mochte. Wie sollte er das in diesem Tohuwabohu machen? In der Küche hat niemand gelesen. Gut, vier oder fünf Mal im Jahr, wenn es zu stark regnete und man nicht mehr wußte, was man tun sollte, also aus reiner Verzweiflung, hat jemand mit lauter Stimme irgendein Kapitel aus einem alten Ritterroman vorgelesen. Und spät am Abend, wenn alle schon schliefen, hat der Hausherr manchmal sein Familienbuch hervorgeholt oder seine Notgroschen auf dem Tisch gezählt und eifrig seine Einnahmen und sein Budget überprüft ...

Das wirkliche Leben dieses Mannes und seiner Standesgenossen bestand aber darin, die Felder, die Weinfelder, die Wiesen und Wälder zu durchstreifen und seine Ländereien zu überwachen, indem er jagte, oder zu jagen, indem er sie überwachte. Das bedeutete, auf Messen und Märkte zu gehen, vertraulich mit den Bauern in ihrer Sprache über Probleme zu reden, die sie als einzige interessierten: man kann sich leicht vorstellen, daß es dabei keineswegs um politische oder metaphysische Fragen ging. Am Sonntag oder an Festtagen eröffnete dieser leutselige Grundherr, der in vielerlei Hinsicht nur ein höherer Bauer war, den Ball mit seiner Frau, schwenkte die Mädchen herum, spielte vielleicht Boules, schoß mit dem Bogen, jagte Vögel oder vergnügte sich bei einem Ringkampf ...

Aber, wird man einwenden, es gab doch den Hof: den Hof von Franz I., wenn nicht gar schon den von Karl VIII. oder von Ludwig XII.? Na gut, es gab den Hof. Reden wir von ihm.

Der Hof! Das Wort hat einen zauberhaften Klang. Es beschwört wunderbare Bilder herauf: große geschmückte Säle, die alle hell erleuchtet sind, voll adliger Herren und Damen in herrlichen Kleidern, die ständig in prächtigen Schlössern wohnen. Ob es nun im Louvre ist oder in Saint-Germain, in Fontainebleau, Chambord oder später in Versailles, das spielt keine Rolle. Nur der Rahmen ändert sich, der Rahmen und die Moden. Aber bleibt der Hof nicht immer der Hof? Ein privilegierter und prunkvoller Bereich, der sich von allen anderen unterscheidet, in dem viele mächtige Personen, die mit ihren Kleidern ganze Vermögen an sich tragen, ein Leben in Luxus, Komfort und Glanz führen, inmitten von Festen und ständigen Lustbarkeiten: zweifellos ein unnützes, müßiges Leben, in dem es aber nicht immer an geistiger Aktivität, witzigen Wendungen, kleinen Versen und scharfem Spott fehlt.

Gut. Aber erlauben Sie, daß wir gemeinsam auf irgendeiner Seite das große Buch[9] aufschlagen, in dem geduldige Gelehrte durch eine chronologische Anordnung der Briefe und Dokumente der königlichen Kanzlei Tag für Tag die Reisewege von Franz I. in seinen dreißig Regierungsjahren rekonstruiert haben? Wir stoßen auf das Jahr 1533, das ebenso gut wie jedes andere ist. – 1533: der König hatte gerade die Vierzig überschritten. Er begann bereits, grau zu werden. Seine Augen wurden schwer und seine Nase spitzer. Die Damen in Paris (und anderswo) bemerkten, daß der galante König bereits schwerfällig wurde. Und die Niederlage und Gefangennahme bei Pavia einige Jahre zuvor hatte vielen Vergnügungen ein Ende bereitet ...

Am 1. Januar 1533 war Franz I. in Paris, im Louvre. Dort hatte er sich bereits den ganzen Dezember aufgehalten, und dort blieb er auch noch im Januar und Februar. Drei Monate am selben Platz; eine solche Seßhaftigkeit verdient unsere Beachtung, denn so bald werden wir sie nicht wieder erleben. Im März ist der König schon wieder unterwegs. Zunächst auf einer Rundreise im Valois und im

Soissonais. Am 7. März ist er in La Ferté-Milon; am 9. in der Abtei Longpont; am 10. in Fère-en-Tardenois; am 15. in Soissons; am 17. in Coucy. Dann bewegt er sich nach Norden: am 20. begibt Franz sich nach Marle und La Fère; am 21. nach Ribémont; am 22. nach Guise und am 24. wieder nach Marle. – Dann zieht es ihn in die Champagne. Am 28. März erreicht er Saint-Marcoul de Corbeny; am 29. Cormicy und am 30. Reims. In der Krönungsstadt Reims hält er sich nicht lange auf. Am 3. April kommt er über Fère-en-Tardenois nach Château-Thierry. Dort bleibt er drei Tage. Am 7. ist er bereits in Meaux. Da nun Karwoche ist und Ostern bevorsteht, bleibt er für die Festtage in Meaux. Erst am 19. kommt er in Fountainebleau an, wo er sich eine Woche aufhält. Am 26. reist er über Montargis und Châtillon-sur-Loing nach Gien. Von dort begibt er sich nach Bourges, wo er am 2. Mai ankommt und sich drei Tage aufhält; dann Aufbruch zu einer Rundreise im Bourbonnais. Franz I. reist über Issoudun, Meillant, Cérilly und Bourbon-l'Archambault nach Moulins, wo er am 16. ankommt und vier Tage verweilt. Dann bewegt er sich über Roanne in Richtung Lyon, das er am 26. Mai erreicht. Und, welch Wunder, er hält inne, er bleibt fast einen ganzen Monat in Lyon, allerdings nicht ohne Ausflüge in die Umgebung zu machen. Ende Juni verläßt er die Stadt, durchquert die Landschaft Forez und erreicht am 10. Juli Clermont-Ferrand. Von Riom bis Issoire und Vic durchstreift er die Auvergne. Eine Woche später ist er in Velay. Am 17. Juli übernachtet er in Polignac; am 18. in Puy, wo er zwei Tage verbringt. Am 24. ist er in Rodez und am 25. Juli auf dem Weg nach Toulouse, wo er sich Anfang August eine Woche aufhält. Am 9. ist er in Nîmes; am 29. für zwölf Tage in Avignon; am 15. September in Arles; am 21. in Martigues und am 22. in Marignane. Am 4. Oktober erreicht er Marseille ... Begleiten wir ihn nicht weiter. Bei dieser erstaunlichen Aufzählung ermüden wir schneller als Franz I. bei seinem ständigen Ortswechsel. Das soll ein König sein? Man möchte eher meinen, er wäre ein fahrender Ritter, ein Paladin aus dem Roman, der unermüdlich über Berge und durch Täler reitet. Ein Don Quijote, in dem aber auch der Ewige Jude steckt.

Und der Hof? Der Hof ... folgt ihm nach. Er befindet sich auf den Hauptstraßen, in den Wäldern, entlang den Flüssen und auf den Äckern. Das ist kein Hof, sondern eine Karawane. Noch besser gesagt, eine Truppe, die Quartier macht. Da gibt es »das Vorkommando«, das eher losgeschickt wird, damit das Lager aufgebaut und geschmückt ist, wenn der Herr ankommt: mit den Furieren des Königs, Quartiermeistern, die mit Kreide die Unterkünfte markieren, und dem ganzen Küchenvolk, den Soßenköchen, Garköchen, Zuckerbäckern, auf Reitpferden reisend, deren Erwerb ihnen durch die königliche Großzügigkeit ermöglicht wurde. Die Morgentruppe hastet eilig zum nächsten Etappenlager: ein einfaches Dorfhaus, der Landsitz eines Edelmannes, der Palast eines großen Herrn ... wenn es Platz gab, versteht sich, da der König sich gelegentlich auch mit seinem großen Zelt begnügte, das auf Maultieren immer mitgenommen wurde und das man irgendwo nach Laune des Herrn[10] auf einer Lichtung, auf freiem Feld oder mitten auf einer Wiese aufbaute.

Wenn das Vorkommando aufgebrochen war, setzte sich die Hauptmacht in Bewegung. Zuerst der König mit seinem Gefolge: die Wachen, Offiziere und Edelleute des Hauses. Wenn er irgendwo durchkam, wurden die Glocken geläutet, die Pfarrer eilten herbei und die Bauern ließen ihre Arbeit fallen und verbeugten sich, sobald der Geleitzug nur von Ferne sichtbar war. Inmitten eines prächtig herausgeputzten Reiterzuges sahen sie den König vorbeiziehen, der manchmal selber zu Pferde saß und manchmal in einer Sänfte getragen wurde, die im Takt der kräftigen Maultiere schwankte. Hinter dem König kamen die Damen, die ebenso wie die Männer Etappe machten und nach dem Vorbild des Herrschers jenes Soldatenleben im Felde führten, das man schließlich gewohnt war und schätzte, nach dem man manchmal, da man es lange geführt hatte, eine Art von befremdlicher Sehnsucht empfand, das aber trotzdem kein Leben der Erholung oder eines für Schwächlinge war.

Die Damen jener Zeit aber waren keineswegs Schwächlinge ... Wir haben Porträts von ihnen.[11] Es ist bekannt, welche Leidenschaft das 16. Jahrhundert für jene Sammlungen von Zeichnungen

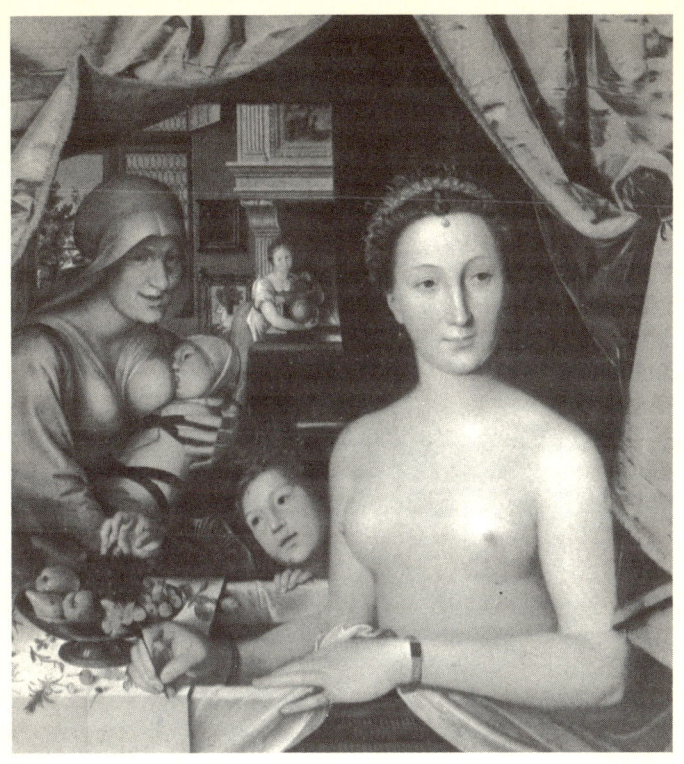

Jean Clouet, *Dame im Bade*
(vermutlich Diane von Poitiers), um 1570

hatte, auf denen von mehr oder weniger geschickten Zeichnern die
höchsten und schönsten Damen des französischen Hofes abgebildet waren. Man findet sie überall, sogar in den fernsten Ländern.
Aber, wenn man sie durchblättert, was für eine Enttäuschung! In
den zeitgenössischen Texten hat man tausend überzeugte Lobreden gelesen. Damen von unvergleichlicher Schönheit; und da sind
sie, wie sie für uns unter anderem in der berühmten Sammlung von
Montmor in der Bibliothek von Aix-en-Provence erhalten geblieben sind (deren Zusammenstellung man einst Madame Boissy, der
Frau des Großmeisters, zuschrieb); da sind die handgeschriebenen

Wahlsprüche, die neben den Porträts stehen. Zunächst die Favoritin, Madame de Chateaubriand, die Geliebte des Königs, die Geliebte von Bonnivet, die Geliebte von noch anderen, die sich deswegen keineswegs verborgen gehalten haben, die mehr als ergebene Schwester von Lescun, von Lesparre und dem unseligen Lautrec. Man sieht das Porträt einer vielbegehrten Schönheit: eine recht stämmige Blondine mit einem großen flachen Gesicht und ganz gewöhnlichen Schultern ... Aber immerhin das Motto läßt einem noch einige Hoffnung: *Mehr umrissen, als gemalt?* – Dann Madame de Lestrange; ihr Name wird in allen Madrigalen jener Zeit mit dem Reim ›face d'ange‹ [Engelsgesicht] verbunden; ihr markantes Gesicht scheint mit dem Messer aus einem alten Stück Holz herausgeschnitzt worden zu sein. – Aber Diana von Poitiers, die große Seneschallin? Angeblich soll sie erst dem Vater, Franz I., und dann dem Sohn, Heinrich II., Wollust bereitet haben: ein seltenes Glück für eine Hofdame. Diese Frau muß außerordentlich verführerisch gewesen sein, damit sie ihre Macht von einer Regierungszeit zur nächsten und über so unterschiedliche Liebhaber ausüben konnte! Man sehe sich in Louis Dimiers Werk *L'Histoire de la Peinture de portrait en France au XVIe siècle* einmal Tafel 17 an, die der Ikonographie der großen Favoritin gewidmet ist. *Sie ist schön anzuschauen und es ist ehrenhaft sie zu begehren,* heißt das Motto in der Sammlung Montmor. Nun gut, ehrenhaft, im Sinne von Brantôme, war sie bestimmt, aber schön? Dieses verschlagene Frauengesicht mit der spitzen Nase, mit von vorzeitigen Tränensäcken untermalten Augen, mit breitem Gebiß zwischen schmalen und vertrockneten Lippen, wie sie nicht nur auf einem, sondern mindestens auf fünf oder sechs Zeichnungen dargestellt ist, die zwischen 1525 und 1550 angefertigt wurden: selbst unser Wunsch, die Sinnlichkeit unserer Vorfahren mit unserer Ästhetik in Einklang zu bringen, erlaubt es uns nicht, bei ihr Charme, vornehmes Aussehen, Grazie oder Schönheit zu entdecken.[12]

Sie sind schon merkwürdig, diese Bildnisse großer Damen, edler Prinzessinnen und offizieller Favoritinnen – man spürt fast nie die edle Art oder vielmehr: die edle Art dieser Hofdamen erweist sich als bäurisch und kulturlos. Aber seien wir gerecht: wie hätten sie ihre Züge verfeinern oder nur ihre Reize bewahren können bei diesem Leben, ständig zu Pferde unterwegs an frischer Luft, in Wind und Wetter, bei Regen und Schnee, ohne richtige Pausen, wochenlang ohne eine echte Erholung, nur in geborgten und vom Zufall bestimmten Nachtlagern ... Man sah sie vorbeiziehen, die Hofdamen, als trübseligen Trupp hinter dem König. Die Älteren, schlaftrunken in ihren Sänften; die anderen, im Wiegeschritt ihrer Stuten oder mehr schlecht als recht in Kutschen gepreßt, die ungefedert über den Boden holperten; glücklich, wenn sie auf einem Fluß in einem gemieteten Boot fahren konnten, auf dem alle sich zusammendrängten, und auf dem sie schicksalsergeben zwischen den flachen Ufern dahingleiten konnten ...

Zwölftausend Pferde. Drei bis viertausend Männer, ohne die Frauen zu zählen (die nicht alle leichtlebige Personen waren). Dieser Hof bildete eine kleine Armee, die ihr eigenes Leben führte und die genügend ausgerüstet war, um sich selbst mit allem Notwendigen zu versorgen. Sie wurde von Händlern aller Art begleitet, die vom Großprofoß privilegiert und organisiert wurden, die das Monopol des Verkaufs an die Höflinge bekamen; zu ihr gehörten Lebensmittellieferanten wie Schlachter, Bäcker, Geflügel-, Fisch-, Obst- und Gemüsehändler; Weingroß- und Kleinhändler, Heu-, Stroh- und Haferlieferanten; das Volk der Hetzjäger, Piköre und Hundeaufseher, die jene Wagen umschwärmten, die mit Jagdnetzen und Fallen beladen waren; die Falkner; die Mundschenke; die beiden Zelter, die die Weinflaschen für die Tafel des Königs, des Großmeisters und der Kammerherren trugen; die Köche und Küchenjungen, die manchmal, an bestimmten traditionellen Tagen, den König mit lustigen Tänzen unterhielten; und schließlich die Kuriere und die Stallknechte, wilde Reiter, die immer bereit waren, im gestreckten Galopp aus der hintersten Ecke der Auvergne oder Burgunds aufzubrechen, um von der nächstgelegenen Küste Austern, Muscheln oder Meeresfische für die Fastenspeise des Königs zu holen ... Diese ständige Existenz des »fliegenden Lagers« war für die italienischen Botschafter ein Grund zur Verzweiflung. Einer von ihnen – Marino Giustiniano, der 1535 Botschafter beim König war, das heißt, zwei Jahre nach diesem Jahr 1533, dessen prunkvolle Reisende wir gerade schildern – schrieb in seinem Bericht an den Senat von Venedig: »Meine Gesandtschaft dauerte fünfundvierzig Monate ... Ich war beinahe ständig auf Reisen ... In dieser ganzen Zeit ist der Hof nicht einmal fünfzehn Tage hintereinander an ein und demselben Ort geblieben«.[13] Man muß dazu sagen, daß die Diplomaten von allen, die dem Hof folgten, zweifellos die am wenigsten privilegierten waren. Und zwar nicht nur deshalb, weil der König, der wenig Wert auf häufige Zusammenkünfte mit diesen Beobachtern legte, die von Berufs wegen auf wohlgehütete Geheimnisse neugierig waren, sich besonders darum bemühte, ihnen das Leben schwer zu machen, indem er sie nicht über seine Ortsveränderungen auf dem Laufenden hielt und sie unter dem Vorwand von Jagden oder plötzlichen Ausflügen so oft wie möglich mied, sondern weil sie andauernd so nah wie möglich bei der königlichen Person bleiben mußten ... Die Grundherrn waren weniger gewissenhaft. Es gab nur wenige, die dem königlichen Zug mehrere Monate hintereinander folgten. Die meisten Edelmänner, ich meine diejenigen, die bereits zur Hofwelt gehörten, kamen jedes Jahr nur einige Wochen, um in der Nähe des Königs zu leben. Und sie verließen ihre Ländereien oder ihre Herrensitze nicht, ohne ständig an die Rückkehr zu denken. Sie kehrten zurück, sobald sie konnten. Dort erholten sie sich, dort fanden sie wieder zu sich selbst, während der König von Frankreich von Norden nach Süden, von Westen nach Osten, von den Ardennen bis zur Provence und von der Bretagne bis nach Lothringen zu Pferde seine Rundreise fortsetzte, die mit seiner Krönung begann und mit seinem Tod endete ...

Was soll man daraus folgern? Es gibt nichts zu folgern. Diese Seiten haben nur das Ziel, dem Leser zur Einführung einige Bilder aus dem 16. Jahrhundert in Frankreich vor Augen zu führen, einige Bilder aus der Zeit Ludwigs XII. und Franz I. Zweifellos ziemlich verblüffende Bilder. Sie zeigen uns gewissermaßen eine Menschheit am Werk, die wohl ihre ewigen Gebärden vollführt und den ewigen Kreislauf des menschlichen Lebens durchläuft. Aber (wenn ich mit meiner Auffassung nicht völlig fehlgehe) dann wir haben,

so denke ich, allmählich gesehen und gespürt, daß es im 16. Jahrhundert anders lief als heute ...

War denn nicht der Mensch an sich derselbe? Mag sein. Ich weiß
es nicht. Er und der Historiker begegnen sich kaum. Die Geschichte lebt von der Realität und nicht von der Abstraktion. Der
konkrete Mensch, der lebendige Mensch, der Mensch aus Fleisch
und Blut des 16. Jahrhunderts und wir Franzosen des 20. Jahrhunderts ähneln uns kaum. Wie fern ist uns dieser Landbewohner,
dieser Nomade, dieser bäuerliche Mensch! Welche Gefahren hat er
nicht überwunden, welche Prüfungen, welcher Art auch immer,
hatte er nicht abgelegt, wenn er sich mit dreißig Jahren auf dem
Höhepunkt seiner Kräfte befand? Zunächst einmal hat er überlebt.
Er hat die ersten sechzehn Jahre seines Daseins durchlebt – und
überlebt, im Laufe derer in der Regel mindestens eines von zwei
Kindern starb[14]: die Familienstammbücher belegen das beredt alle
drei Zeilen, der Tod eines Kindes taucht dort regelmäßig wie der
Klang einer Totenglocke auf. Später hat er, ohne zu unterliegen,
einer ganzen Reihe von tödlichen Geißeln widerstanden, die man
mit einem Wort als Pest bezeichnete und die jedes Jahr mehrere
Tausend Personen in der Blüte ihrer Jahre dahinraffte, manchmal
sogar, in erschreckender Ausbreitung, wahre Hekatomben ... So
bürgerlich, wie man sich diesen Menschen im modernen Sinne des
Wortes vorstellen mag, so fern er durch seinen Beruf dem Waffen-
handwerk und dem militärischen Leben stand – er hat wie ein
Soldat hundertmal sein Leben riskiert. Nicht nur, weil er, wenn
der Feind sich anschickte, die Stadt zu belagern, mit seiner Sturm-
haube und seiner Partisane zu den Wällen rennen und wie jeder
andere kämpfen mußte, sondern weil er einfach auf Reisen gegangen ist, weil er in einem Jahrhundert lebte, in dem alle Welt unterwegs war[15], vom Advokaten bis zum Kaufmann, vom Handwerks-
gesellen auf Wanderschaft bis zum Studenten, der »zu den Univer-
sitäten von Pavia und Padua« aufbrach und sein Testament machte,
bevor er die Reise antrat ... Denn im nahegelegenen Wald, dessen
dunkles Unterholz und Dickicht man nicht ohne Sorge sich auf
den weitgedehnten Bergrücken erstrecken sah, lag der Brigant auf
der Lauer nach einsamen oder schlecht bewaffneten Reisenden; in

der dunklen Herberge, die man am Abend erschöpft erreichte, war der Gastraum von sich grob gebärdenden lärmenden Galgenvögeln und rußgeschwärzten Köhlern mit beunruhigenden Mienen gefüllt, die sich betranken: man verbrachte die Nacht senkrecht im Bett sitzend in einer armseligen Kammer ohne Feuer und Licht, der blanke Degen lag griffbereit auf dem großen Tisch, den man vor die schlecht schließende Tür geschoben hatte: und man flüchtete im Morgengrauen, ohne sein Wechselgeld zu verlangen, vollkommen glücklich, wenn die Spitzbuben nicht die Pferde gestohlen hatten ...

Das Leben war ein dauernder Kampf. Gegen die Menschen. Gegen die Jahreszeiten. Gegen eine feindliche und kaum gezähmte Natur. Und wer als Sieger aus diesem Kampf hervorging, wer ohne allzu große Widrigkeiten oder Mißgeschicke erwachsen geworden war, der hatte eine rauhe Schale, der war abgebrüht, der hatte im wörtlichen und im übertragenen Sinn ein dickes Fell. Gab es unter der groben Oberfläche eine feine Sensibilität? Wir wissen es nicht und wir werden es nie erfahren. Unsere retrospektive Geschichte der Gefühle muß sich darauf beschränken, oberflächliche Erscheinungen zu registrieren. Aber auch die oberflächlichen Erscheinungen sind im 16. Jahrhundert gnadenlos und ohne Erbarmen. Ein Kind, zwei Kinder oder fünf Kinder starben in der Familie in jungem Alter, wurden von unbekannten Übeln dahingerafft, die man nicht unterscheiden konnte und die damals niemand diagnostizieren oder heilen konnte. Eine trockene Bemerkung im Familienstammbuch, ein schlichtes Datum, die pure Feststellung der Tatsache; dann ging der Verfasser, der Vater, zu irgendeinem bemerkenswerteren Ereignis über: ein starker Frost im April, der das verheißungsvolle Wachstum der Früchte hemmte; oder ein Beben der Erde, ein Vorzeichen für große Katastrophen. Und die Ehefrau? Man ehrte sie wegen ihrer Tugenden, man respektierte sie wegen ihrer Fruchtbarkeit und man lobte sie manchmal wegen ihrer haushälterischen Fähigkeiten. Und wenn sie starb und dem Ehemann eine zu geringe Zahl von Kindern hinterließ, also nur fünf oder sechs, hat man schnell wieder geheiratet, denn man mußte mindestens das Dutzend vollkriegen, wenn nicht sogar überschreiten ... Wenn sich die zur Witwe gewordene Frau wieder verheiratete, so war das übrigens auf dem Lande und bei den Bauern in den meisten Fällen für die Kinder ein Zeichen für die Auflösung der Familie. Sie mußten in fremde Dienste treten oder ein dem Zufall preisgegebenes Bettlerdasein auf den Straßen führen. Thomas Platter erzählt uns in seiner Lebensbeschreibung[16], die so aufschlußreich für diese erstaunlich ferne Zeit ist (obwohl Platter von uns nur sieben oder acht Lebensalter entfernt ist), in rüdem Ton und als ob es sich um etwas ganz Natürliches und keineswegs Überraschendes handelte, daß seine Mutter sofort wieder heiratete, nachdem sein Vater gestorben war, als er noch ein kleines Kind war. Dadurch wurden die Kinder in alle Winde zerstreut und Platter gesteht unumwunden, daß er nicht weiß, wieviel echte Brüder und Schwestern er hatte. Nach einigem Nachdenken fallen ihm die Namen von zwei Schwestern und drei Brüdern wieder ein, von denen er ungefähr wußte, was aus ihnen geworden war. Die anderen? Er selber war von einer Tante aufgenommen worden. Von seiner Mutter wußte er nichts mehr. Zweifellos eine bäuerliche Moral, von rohen Bauern aus dem wilden Wallis. Aber waren die Bauern anderer Landstriche zartfühlender?

All die Dinge, die uns so sehr am Herzen liegen und die uns hemmen: unser Heim, das Haus unserer Familie, unsere Frau und unsere Kinder – scheint der Mensch im 16. Jahrhundert immer nur als vorübergehende Güter angesehen zu haben, auf die er jederzeit verzichten konnte. Und auf die er oft ohne ernsthaften Grund verzichtete, nur durch eine dunkle Begierde nach dem Nomadenleben angetrieben, die aus dem Gedächtnis an Ritterfahrten und Kreuzzüge hervorgegangen ist ... Schlagen wir eines der Lieblingsbücher jedes Historikers des 16. Jahrhunderts auf: das kleine und doch so dichte Buch der *Colloquia* von Erasmus. Hier[17] sind vier Männer um einen Tisch versammelt, vier friedliche und seßhafte gute Bürger, die gut verheiratet und etabliert sind und die sich am Abend treffen, um unter guten Freunden etwas zu trinken. Sie trinken sogar ein bißchen zuviel und der Wein erhitzt ihre Köpfe. Einer von ihnen sagt plötzlich: »Wer will mir folgen ... Ich breche zu einer Pilgerfahrt nach Santiago de Compostella in Galizien auf ...« Die plötzliche Eingebung eines Betrunkenen. Der zweite Tischgenosse erhebt sich seinerseits: »Na gut, und ich breche nicht nach Santiago de Compostella auf, ich gehe nach Rom!« Aber der dritte und vierte Kumpan schlichten den Streit: man geht zuerst nach Santiago de Compostella im hintersten Galizien und dann, von da aus, nach Rom ... Die Reise ist beschlossen. Man füllt einen großen Becher mit Wein, der reihum geht. Jeder nimmt einen Schluck und damit ist der Pakt besiegelt und das Gelübde ordnungsgemäß abgelegt. Man kann nicht mehr zurück, man hat darauf getrunken, nun gilt es aufzubrechen. Man macht sich auf den Weg. Einer der Pilger findet in Spanien den Tod; der zweite in Italien und der dritte wird vom vierten sterbend in Florenz zurückgelassen. Dieser letzte kehrt nach einem Jahr erschöpft, gealtert und völlig ruiniert als einziger zurück ... Eine Skizze ohne jedes reale Vorbild? Keineswegs, sondern eher die Moral der Zeit – einer Zeit, die nicht mehr die unsere ist.

Fassen wir diese Grundzüge zusammen. Halten wir sie uns vor Augen und im Gedächtnis, wenn wir ›die Angelegenheiten des 16. Jahrhunderts‹ begreifen wollen. Erinnern wir uns, daß wir alle heute mehr oder weniger, ob wir nun wollen oder nicht, im Treibhaus leben. Der Mensch des 16. Jahrhunderts lebte und wuchs unter freiem Himmel.

Hugo von Dinberg,
Gruppe von Wallfahrern,
Nürnberg 1425/31

Wer vom 16. Jahrhundert spricht,
redet von der Renaissance. Aber was ist die Renaissance? Was ist
Humanismus? Wo liegen ihre Wurzeln in Zeit und Raum? Wann
begann die Renaissance in Frankreich, in Italien, in Deutschland?
Woher kam sie, und gab es nicht Renaissancen vor der Renaissance? Das sind zweifellos viele ernste Fragen, die eine Untersuchung verdienen.

Sicher, aber ist eine einzige Vorlesung dazu ausreichend? Offensichtlich nicht. Lassen wir daher die Theorien, die Prinzipiendis-
kussionen und den Streit der Lehrmeinungen beiseite. Sehen wir
dem Menschen direkt ins Gesicht: dem Menschen des 16. Jahrhunderts, dem ländlichen, ungeschliffenen, nomadisierenden Menschen der französischen Renaissance.

Was in erster Linie auf diesem Gesicht zu sehen und abzulesen
ist – auf diesem ehrlichen und harten Gesicht, das in der frischen
Luft ausdörrt und von Sonne und Regen gegerbt wurde, das ist
eine immense Gutwilligkeit, die von robusten Nerven gestützt
wird, welche nicht sehr fein entwickelt und überhaupt nicht über-
reizt sind – und von unerschöpflichen Reserven eines bäuerlichen
Körpers mit breiten, ein wenig gebeugten Schultern ...

Ich stelle mir einen solchen Menschen beim Studium vor. Was für
ein Mensch würde das sein? Man kann *a priori* sagen: ein *scholar*. Ich
meine, dieser Mensch würde alles lernen, was zu lernen ist. Er
würde sich mit jener Art von hartnäckiger Wut, von stummer Ver-
bissenheit bilden, mit der ein Winzer zum tausendsten Mal unter
glühender Sonne, in unerbittlichem Regen seinen Weinberg hinauf-
steigt, wenn die Erde seines Hügels heruntergeschwemmt ist – oder
mit der ein Schnitter methodisch in einer rhythmischen, unablässi-
gen, ewigen Bewegung seine Bahnen durch das Feld zieht.

Dieser Mensch weiß, was es kostet zu lernen; dieser Mensch der
frischen Luft, der sich im Sitzen den harten Mühen des Studierzim-

mers unterwirft, hat für das Wissen eine Art von Respekt oder kindlicher Liebe, die mit der zu vergleichen wäre, die seine Eltern und er selber für folgende Heiligtümer empfinden: Nahrung, Brot, gutes Weizenbrot ... Der alte Viret, der Reformator der französischen Schweiz, berichtet uns in einer rührenden Episode[1], daß er als Kind in seinem Geburtsort Orbach sofort wußte, wenn er die Glocken läuten hörte, was sie mit ihrem hämmernden Rhythmus immer wieder sagten. Seine Mutter hatte ihm dieses große Geheimnis verraten. Die Glocken von Orbach sangen immer wieder den folgenden französischen Reim: »*Pain perdu, tu seras battu; pain perdu, tu seras battu* ...«.[2] Und die kleinen Kinder auf dem Schulweg wiederholten unter sich immer wieder »*Pain perdu, tu seras battu* ...«. Der Mensch, der Landmann, der Sohn eines Bauern, der durch seine hartnäckige Anstrengung das Brot des Geistes erworben hat, hat im 16. Jahrhundert bestimmt keinen einzigen Krümel verschwendet – dessen kann man gewiß sein. Vielmehr hat sich dieser Mensch voll und ganz in die Arbeit geworfen. Er schonte sich nicht. Er gab sich dem Studium mit der gleichen Art von naivem und bereitwilligem Glauben hin, mit jenem ›Fehlen von Arglist‹, das eigentlich dem in die Arbeit verbissenen Bauern entspricht, der seine Zeit nicht verschwenden will ...

Denken wir nach. Sind diese Grundzüge wirklich so schwer mit dem in Verbindung zu bringen, was wir von der Literatur und vom intellektuellen Leben des 16. Jahrhunderts wissen? – Aber gehen wir nicht zu schnell voran. Denn die wirkliche Frage lautet: Warum hat dieser Mensch studiert? Dieser hartgesottene Landmann. Wer trieb ihn dazu an? Was brachte ihn zum Studium? – Die Antwort lautet: der Frieden; zu allererst der Frieden.

Am Ende des 15. oder zu Beginn des 16. Jahrhunderts war Frankreich im Besitz von zwei Dingen, die es schon immer geschätzt und mit gleicher Leidenschaft angestrebt hat: Ruhm und Sicherheit.[3] Den Ruhm hatte es sich siegreich erworben. Die Feldzüge in Italien hatten gute Früchte getragen. Fornovo, Mailand, Novara, Genua, Agnadello, Ravenna und dann erst Marignano: was für ein Nährboden des Ruhms! Die Herzen der Alten, der früheren Herzöge, die an den Kreuzzügen teilgenommen hatten, mußten in den Gräbern vor Freude erzittern. Der Geist dieser Alten wurde übrigens mit La Trémouille, Gaston de Foix, Trivulzio und mit dem sie alle überragenden Bayard wiederbelebt. Helden aus den Sagen, gewiß, die zudem um so mehr bewundert wurden, als sie ihre Taten fern vom schönen Frankreich vollbrachten ... Hinter den sich verschiebenden Fronten, die sie in Italien verteidigten, lebten die Händler und Bauern, die schwer arbeiteten und sich abmühten ...

Die Händler und Bauern hatten einiges zu tun! Die englischen Invasionen, die Plünderungen durch ehemalige Söldner und Banden von Landstreichern sowie später der unbarmherzige Despotismus und die gnadenlose Besteuerung eines Ludwig XI. hatten über Jahre hinweg Frankreich verwüstet und entvölkert. Im Jahr 1470 und auch noch 1480 sah man überall Ruinen, brachliegende Felder, verlassene und niedergebrannte Dörfer; Wölfe streunten durch die Dornensträucher, und inmitten der zerstörten Häuser der ausgebrannte Torso der Kirche, zur Schau gestellt wie ein Kadaver, die Seitenwände geborsten, die Seele entschwunden ... Dreißig Jahre später unter Ludwig XII. hatte sich das Bild überall gewandelt: Frieden, Reichtum, Überfluß waren eingekehrt, weiß gestrichene Häuser, Kirchen und neue Schlösser überall zu betrachten.[4] Man ist fröhlich und glücklich. Man ißt, lacht und tanzt. Das ist der Frieden, das höchste Gut, das Gut der Güter. Alle Manuskripte der Welt, alle Texte aus der griechischen und der römischen Antike hätten nach dem langen Schlummer mit dem jugendlichen Schwung dieses Jahrhunderts wiederauferstehen können. Hätte es weder Frieden noch Reichtum, Wohlbefinden oder Sicherheit gegeben, wer hätte jemals daran gedacht, Studien zu treiben?

Aber das ist noch nicht alles. Wer profitierte von dieser Sicherheit? Die Adeligen? Nein, für sie begann im Gegenteil jener langsame und lange Niedergang, der sie Schritt für Schritt ins Elend oder in die Abhängigkeit führen sollte. Als Adelige konnten und durften sie kein Geld verdienen, und sie wollten und konnten ihr Geld nicht zusammenhalten. Sie warfen es mit vollen Händen zum Fenster hinaus und machten Schulden. Wäre der König ihnen nicht zu Hilfe gekommen, hätten sie nicht irgendein Amt bekleidet oder irgendeine lukrative Stellung oder Pension gehabt, hätte der Aufschwung des Jahrhunderts ihnen Elend gebracht und ihren endgültigen Untergang bedeutet.

Wirklich vom Frieden profitierten die Bürger. Ihre Klasse befand sich im Aufschwung – und das aus vielen Gründen – vor allem aber, weil sich nach und nach der moderne Staat herausbildete, mit einer spezialisierten Verwaltung, den Dienstleistungen seiner einzelnen Organe und seinem Bedarf an Kompetenz und Fachleuten: Fachleute für Justiz, Verwaltung, Diplomatie und vor allem für die Finanzen ... Stellten die Adeligen diese Fachleute? Von wenigen Ausnahmen abgesehen nicht. Bürger und Kirchenleute, die bereits Anteil an der bürgerlichen Kultur hatten, übernahmen mit ihren geduldigen und sachverständigen Händen den modernen Staat und seine Institutionen und verhalfen ihm zum Funktionieren und zur Blüte. Sie hatten Geld; sie konnten ihr Geld dem König leihen. Sie verstanden es, das Geld für den König zu verwalten. Eine doppelte Fähigkeit, die ihr Glück und ihr Vermögen sicherte.

Was brauchten sie zu ihrem Erfolg? Eine hohe Abstammung? Nein. Ein gesichertes Vermögen? Das schadete nicht, war aber auch nicht unentbehrlich. Unter den Männern, die sich um Ehren bemühten, gab es tatsächlich Leute, die nichts waren – gab es Neureiche.

Neureiche hat es immer gegeben und wird es immer geben. Ein Neureicher ist nicht, was ein eingebildetes Volk denkt: ein bequemer Fundus für Schlagerdichter, ein gefundenes Ablenkungsmittel für den Groll des Volkes – und ich füge hinzu, ein ›Nachkriegs‹-Phänomen. Was für ein Irrtum! Der Neureiche ist das alltägliche Brot des Historikers. Er ist das Salz der Gesellschaftsgeschichte. Das hat niemand besser demonstriert als der große belgische Historiker Henri Pirenne in seiner schönen, vor dem Krieg verfaßten Denkschrift von 1914, über *Die Perioden der Sozialgeschichte des Kapitalismus*[5]. Er beschreibt sehr gut, wie im Laufe der Geschichte des Kapitalismus Perioden aufeinanderfolgten, die den Geschäftsleuten jeweils besondere Möglichkeiten zur Kapitalbildung und spezielle Bedingungen für Aktivitäten boten. Die Eigenschaften, die diesen Leuten im Laufe einer Periode nützlich waren, nützten ihnen in der folgenden nichts mehr (und waren oft hinderlich). Daraus folgt automatisch, daß sich mit jeder Veränderung immer wieder eine Generation von Neureichen auf die Straße des Erfolgs begibt. Dann vergeht einige Zeit und die Neureichen verwandeln sich in alteingesessene Reiche. Andere Neureiche beginnen ihren Aufstieg. Und der Zyklus beginnt endlos immer wieder von Neuem ... – Aber kehren wir zu unserem 16. Jahrhundert zurück.

Das einzige, was die Männer, die mit nichts anfingen und alles gewinnen wollten, brauchten, wenn sie nicht von edler Geburt waren und kein Vermögen hatten, war Wissen. Die Ausbildung[6] war das Werkzeug, das Mittel zum Aufstieg, und zwar nicht nur für einige Männer, sondern für eine ganze gesellschaftliche Klasse, für einen Teil, der sich in den untersten Niederungen daranmachte, die Gipfel zu erklimmen.

Gerade zu diesem Zeitpunkt trug eine große Erfindung dazu bei, dieses Bedürfnis nach Wissen am besten zu befriedigen: die Druckkunst.

Die Druckkunst! Es ist ein Gemeinplatz zu sagen, daß sie ›die Ursache‹ der Renaissance gewesen sei, indem sie in der ganzen Welt die schnelle Verbreitung schöner, antiker Werke ermöglicht habe. Und ich sage nicht, daß das falsch ist, sondern dränge auf Beachtung der Daten!

Entstanden zu einer Zeit, als der Kapitalismus sich kräftig zu organisieren begann, war die Druckkunst von Anfang an ein kapitalistisches Gewerbe. Ich meine damit, daß die Arbeiter in den Druckereien von Anfang an für Unternehmer gearbeitet haben, denen die notwendigen Maschinen gehörten und die über eigenes oder von Kapitalisten zur Verfügung gestelltes Kapital verfügten. Diese Unternehmer oder Kommanditisten waren weder Übermenschen, die ihrer Zeit voraus waren, noch uneigennützige Philanthropen. Sie druckten einfach das, was sich am besten verkaufte. Bücher, die einen großen und schnellen Absatz fanden. Alte Autoren? Sicher nicht. Was für Auflagen hatten denn schon die griechischen Tragödien oder die lateinischen Rhetoriker zu Anfang in

Frankreich, also zwischen 1480 und 1500, und auch noch später, zur Zeit der Inkunabeln und ihrer ersten Nachfolger? Wenn es im ganzen Königreich allenfalls zehn Personen gab, die Griechisch lesen konnten[7], so war das sicherlich nicht der geeignete Zeitpunkt, um Platon zu drucken (der übrigens bereits in Italien gedruckt war und den man sich bei Bedarf in Venedig oder Lyon beschaffen konnte) ... Was die Druckereien zu Beginn in Frankreich verbreiteten, war keineswegs die Literatur ›der Renaissance‹, um die ziemlich unscharfen aber vertrauten Begriffe zu benutzen, sondern die Literatur ›des Mittelalters‹. Darunter sind in erster Linie Kultbücher für den Klerus zu verstehen: Meßbücher, Breviers und Sammlungen von vorgefertigen Predigten; dann auch fromme Bücher für die Gläubigen; und mehr als alles andere, in ungeheuren Mengen und ständig aufeinanderfolgenden Auflagen jene Stundenbücher, die bei den Bibliophilen heute so begehrt sind, jene exquisiten Stundenbücher vom Beginn des 16. Jahrhunderts, mit ihren Umrahmungen, Zierleisten und schönen Holzschnitten: echte Familienbücher par excellence, die beliebtesten und oft auch die einzigen Bücher, die es dort gab, wo nicht gelesen wurde. Neben Gebeten und Meß-Texten enthielten sie einen Kalender und einen Almanach, und oft auch ein Alphabet, um kleinen Kindern das Lesen beizubringen – und auf den leeren Vorsatzblättern notierte der Familienvater für gewöhnlich Hochzeiten, Geburten und Todesfälle ...

Außerdem druckten die ersten Pressen zu Hunderten und Tausenden Schulbücher, wie den Donatus, Cato und *De Moribus in Mensa Servandis*, ein ganzes Arsenal von Grammatiken für Kinder, von grundlegenden Morallehren und kindlichen, sittsamen ›Benimmbüchern‹. Zu Hunderten und Tausenden druckten sie königliche Verfügungen, Sammlungen von Verordnungen, Textsammlungen zum Gewohnheitsrecht, also, wie wir sagen würden, die Gesetzbücher jener Zeit, die für Richter und Geschäftsleute nützlich waren. Zu Hunderten und Tausenden druckten und vertrieben sie jene kleinen und preiswerten Volksbücher in Französisch, die bei den Wachmannschaften der Schlösser und in den Stuben von Händlern ohne gelehrte Absichten verbreitet wurden:

Jan Stradanus, 1523-1605, *Buchdruckerwerkstatt*, Kupferstich

Geschichten von tapferen Helden und Riesen, Sammlungen von Possen und Geschichten zum Lachen, Almanache und Horoskope, den Schäferkalender und seine Rezepte, die volkstümlichen Legenden von Gargantua und von Merlin dem Zauberer – oder Amadis für die Damen ...

Die Druckereien veröffentlichten natürlich auch Klassiker; in Paris (zufällig) sogar seit der ersten Stunde. Aber die brachten sie langsam, vorsichtig und zögernd heraus. Anders gesagt, nicht die Druckereien haben das Renaissance-Publikum geschaffen, sie dienten diesem Publikum erst dann, als es entstanden war. Und im Grunde bestand ihre größte Dienstleistung, ihr größtes Verdienst nicht darin.

Im Jahre 1420 brauchte jemand, der etwas lernen wollte, einen Lehrmeister, der redete und diktierte. Vor dem Meister, am Fuße seines Katheders sitzend, schrieben die Schüler mit. Sie schrieben nach dem Diktat mit schneller Feder, mit vielen Fehlern, Irrtümern und Entstellungen die Worte nieder, die sie im Fluge erhaschten. Sie schrieben sich ihre Bücher selber, andere besaßen sie nicht. Die Buchmanuskripte waren Luxusgegenstände und sehr häufig große

Kostbarkeiten. Die Seltensten wurden mit einer Kette an den Pulten befestigt, auf denen sie in der Bibliothek des Fürsten, der Abtei oder der Universität lagen. Diese Kette hat einen Symbolcharakter. Durch die Druckkunst wurde sie überflüssig, was der entscheidende Fortschritt war. Im Jahre 1500 konnte sich ein einzelner Mann, der sich bilden wollte, für einige Sous eine Grammatik und ein griechisches oder hebräisches Wörterbuch besorgen; er konnte sich in seinen Mußestunden ganz allein in den schwierigsten Sprachen und Wissenschaften üben. Ein Meister, der von der Höhe seines Lehnstuhls herab die Lektionen rezitierte, war nicht mehr nötig. Die Druckkunst hat Tausende von umherziehenden Meistern geschaffen, die immer und überall bereit waren zu lehren und die jeder in Anspruch nehmen und auswählen konnte. Das war die große Revolution, die durch die neue Kunst bewirkt wurde.

Und all das war nur in einem Frankreich möglich, in dem Friede herrschte; in einem Frankreich, wo jede Klasse aufwärts strebte; in einem Frankreich, wo immer mehr Druckereien aufgemacht wurden – und eben die Jahre zwischen 1490 und 1520 gaben dem Humanismus einen starken Auftrieb. Das antike Denken erlebte jetzt tatsächlich einen Aufschwung, und strahlend wie eine florentinische Primavera erhob sich nun die Renaissance.[8]

Sie kam zur rechten Zeit, denn es ist richtig, daß am Ende des 15. Jahrhunderts überall ein trockener und steriler Formalismus vorherrschte, der wahrhaft das Leiden des Jahrhunderts verkörperte. Die Menschen, die zum ersten Mal seit langer Zeit frei und tief durchatmen konnten, die ein langes und glückliches Leben führten und ein großes Verlangen verspürten, das Leben in allen Formen zu umarmen und kennenzulernen – das Leben und nicht seinen Schatten, sein Phantombild, sein fleischloses und mumifiziertes Skelett – wandten sich mit Abscheu und mit einer Art von instinktivem und heftigem Entsetzen von den toten Lehren ab, mit denen man sie überhäufte. Plötzlich erhob sich die Antike vor ihren Augen. Die Antike mit ihrer Sorge um den Menschen, mit ihrem Kult um den Menschen und mit ihren Kenntnissen über den Menschen, der frei handelte, dachte und lebte, der klare Ideen und geradlinige, kraftvolle Gedanken hatte. Das war wirklich eine Erleuchtung. Die führenden Köpfe, die der Hohlheit der Formen entgehen wollten, hatten bis dahin eine Zuflucht im solitären und geheimen Mystizismus gesucht, um zu sich selbst zu finden. Aber in einer Welt voller Tatendrang, in dieser Welt des 16. Jahrhunderts, wo es wie in einem Bienenkorb vor Aktivitäten wimmelte und die leuchtend hell und farbig wie ein Frühlingstag war, da war der Mystizismus tatsächlich eine verlorene Sache: der glatte Selbstmord. Und die Ausbildung an den Schulen, die mechanische und sterile Logik der letzten Scholastiker: welch ein Hohn, und, vielleicht, was für eine Herausforderung! Der Mensch wandte dem Geist der *Imitation* entschlossen den Rücken zu – er krempelte seine Ärmel auf wie ein einfacher Arbeiter und machte sich ans Werk. Was die schmierige und mörderische Welt der Sophisten betraf, so machten erst Erasmus und dann Rabelais ihr den Garaus. Sie begruben sie unter Spottgelächter. Und vor Gargantua – stumpfsinnig geworden durch seine Lehrmeister, stotternd, schmuddelig und eingeschüchtert, der nicht mehr wußte, wie er seine Mütze in den Händen halten sollte, und der heulte wie ein Kalb – zogen sie das Bild des Jahrhunderts auf, das schlanke Bild der Renaissance, den harmonischen Körper von Epistemon, rein und schön wie ein junger David. Und dieses Bild, das in der Humanistenschule der Antike geschaffen worden war, enthielt in seinem Innersten, jederzeit und ganz nahe am Herzen, ihr Bewußtsein – und ihren frei denkenden Verstand.

Ein großartiger Sturmlauf zur Antike. Man denke nur daran, daß buchstäblich alles zu erschaffen, nachzubilden und wiederzufinden war. Diese Menschen schufen mit einer wilden Leidenschaft. Man betrachte nur den Zustand des Griechischstudiums im Frankreich jener Zeit. Es gab weder eine Grammatik noch ein Wörterbuch, noch Texte oder Lehrmeister – oder nur ganz wenige: zwei oder drei Abenteurer, die sich damit beschäftigten und überdies fast nichts von dem kannten, was sie zu wissen vorgaben. Diejenigen, die sich wildentschlossen ans Werk machten, sagten: »Ich werde es schaffen!« – und sie haben es geschafft. Sie waren wahrhaftige Champollions, die sich über geheimnisvolle Hieroglyphen beugten ...

Was für erstaunliche autodidaktische Karrieren! Die erstaunlich-
ste ist vielleicht die des Baselers Thomas Platter, der uns ebenso
wie später seine beiden Söhne außerordentlich lesenswerte auto-
biographische Aufzeichnungen hinterlassen hat.[9] Er wurde als armer Bauernsohn in einem elenden Dorf im Wallis geboren. Sein
Vater starb früh, seine Mutter verheiratete sich wieder. Die Fami-
lienbande lösen sich auf, die Kinder wurden in die verschieden-
sten Richtungen versprengt. Söhne in die eine Richtung, Töchter in
die andere, für alle Kinder begann ein Abenteuerleben ... Thomas
war der jüngste. Schwestern seines Vaters hatten Mitleid mit ihm
und nahmen ihn auf. Aber schon im Alter von sechs Jahren mußte
er sich seinen Lebensunterhalt selbst verdienen! Er trat eine
Dienststelle an und wurde zu einem armen kleinen Geißhirten, der
seinen Geißen auf die Alm und bis zu unzugänglichen Felsenhöhen
folgte, der Wälder und Abgründe durchstreifte und wohl zwanzig
Mal nur knapp mit dem Leben davonkam ... Mit neuneinhalb
Jahren schickte man ihn in die Schule, zu einem Dorfpfarrer: vielleicht würde er, wenn er sich anstrengte, einst auch Pfarrer werden? Aber die Schule war schlimmer als alles andere. Die Schule
bedeutete Prügel, die so schonungslos ausgeteilt wurden, daß sich
sogar die derben Walliser entrüsteten und eingriffen. Zermürbt
flüchtete das Kind. Zu eben dieser Zeit kam einer seiner Cousins
durch das Land, ein großer Knabe von sechzehn Jahren. Er war
einer jener herumziehenden Studenten, die man als Bacchanten
bezeichnete und die sich durch Bettelei am Leben erhielten. Aber
sie streckten nicht selber die Hand aus. Sie hatten Kinder bei sich,
die man in Frankreich als *béjaunes* [wörtl. Gelbschnäbel][10] bezeichnete: arme ›Schützen‹, die das Mitleid gutherziger Leute er-
regten und von ihnen Brot, Eier oder Früchte bekamen. Notfalls
bedienten sie sich auch selbst, wenn man kein Auge auf sie hatte ...
Somit war Thomas nun ein ›Gelbschnabel‹ oder ›Schütze‹, der log,
stahl und sang, wie der junge Luther in den Straßen von Eisenach.
Eine endlose Odyssee, vom Wallis nach Luzern, dann nach Zürich,
Naumburg, Halle, Dresden, Breslau, Nürnberg und München, ab
und zu zurück ins Wallis und neuerliche Betteltouren. Kurze Phasen des Wohllebens kehrten ein, wenn eine mildtätige Seele sich für

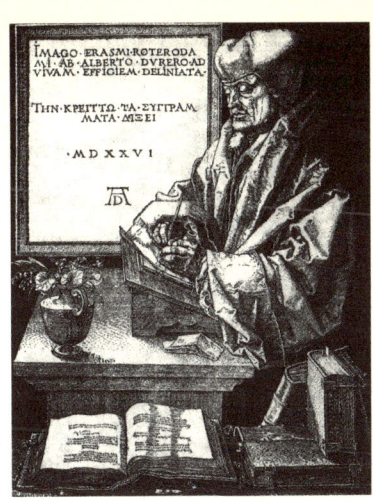

IMAGO·ERASMI·ROTERODA
MI·AB·ALBERTO·DVRERO·AD
VIVAM·EFFIGIEM·DELINIATA·

ΤΗΝ·ΚΡΕΙΤΤΩ·ΤΑ·ΣΥΓΓΡΑΜ·
ΜΑΤΑ·ΔΕΙΞΕΙ

·MDXXVI

Bildnis des Erasmus,
Kupferstich von
Albrecht Dürer, 1526

den kleinen Unglücklichen interessierte – lange Phasen des Elends,
wenn die ›Schützen‹ sich wegen ihrer blutigen Füße nicht mehr auf
den Beinen halten konnten und ihre Waden mit Peitschenschlägen
von den gnadenlosen Bacchanten traktiert wurden, die sie wie
Tiere vor sich hertrieben ...

Eines Tages kam Thomas in Schlettstadt [im Elsaß] an. Er war
jetzt achtzehn Jahre alt und konnte kaum lesen und trat in die
berühmte Schule des Johannes Sapidus ein. Mit heroischen An-
strengungen [in Zürich] versuchte er die Finsternis zu durchdringen, die seinen Geist verdunkelte. Er kämpfte im engsten Handge-
menge und mit wilder Entschlossenheit mit der alten Lateingram-
matik der damaligen Zeit, dem Donatus. Später wurde er als Haus-
lehrer *[paedagogo]* – halb Repetitor, halb Kammerdiener – von
den Eltern zweier junger Bürger eingestellt. Am Tage diente er
seinen Herren, in der Nacht studierte der junge Mann für sich
allein und kämpfte gegen den Schlaf an, indem er, wie er uns
erzählt, kaltes Wasser, rohe Rüben oder Sand in den Mund nahm,
damit er »mit den Zähnen aufeinanderstieß«, wenn er einschlief,
und sofort wieder aufwachte ... So lernte er Latein, Griechisch
und etwas Hebräisch. Sein ganzes Vermögen bestand aus einem

Goldstück, einer Krone. Ohne zu zögern, kaufte er sich dafür eine hebräische Bibel, die er in aller Stille verschlang. Aber er mußte leben, und der Beruf des Hauslehrers gefiel ihm überhaupt nicht. In Basel wurde er Seiler. Das war nahezu zur gleichen Zeit, als in Basel ein anderer armer Teufel von großem Genie lebte, einer der großen Geister jener Zeit, nämlich Sebastian Castellio, der im Gegensatz zu Calvin den Durchbruch des großen Gesetzes der Toleranz proklamiert hatte und der auch seinen Lebensunterhalt dadurch verdiente, daß er mit seinen Händen arbeitete und an Hochwassertagen die großen Tannenstämme, die auf dem Fluß herbeigeflößt wurden, aus der Birs zog. Nebenbei übersetzte er die Bibel.

Platter erlernte unter einem ungehobelten und rauhen Meister, so gut es ging, das Seilerhandwerk. Sobald es Nacht wurde, erhob er sich unter tausend Vorsichtsmaßnahmen, entzündete eine armselige Kerze und versuchte mit Hilfe einer lateinischen Übersetzung den griechischen Homertext zu verstehen. Am Morgen mußte er wieder zu seinem Handwerk zurück . . . – Dieser seltsame Arbeiter wurde in Basel zum Stadtgespräch. Eines Morgens konnte man auf dem Petersplatz, wo er an der Herstellung eines großen Seiles mitarbeitete, beobachten, wie der arme ›Mechanikus‹ Platter von Beatus Rhenanus, dem großen elsässischen Humanisten, aufgesucht und zu Rate gezogen wurde. Auch Rhenanus war ein einfacher Mann, einer jener aufrichtigen und fleißigen Giganten der frühen Renaissance. Und eines Tages erschien dann auf demselben Platz ein kümmerliches Männchen, das seinen Körper unter einem weiten Überrock verborgen hatte: Meister Desiderius Erasmus in Person, der Größte, der Fürst, der König der Humanisten. Und ebenso wie Rhenanus bot er Platter seine Unterstützung an, bei der Suche nach einer weniger anstrengenden Stellung, etwa als Lehrer. Platter lehnte ab. Wie viele Männer jener Zeit – so zum Beispiel auch Zwingli – hatte er eine Art von ergreifendem Respekt vor dem Werk der Hände, vor der Mühe des Mannes, der ein Handwerk ausübt. Und kurz danach trug sich in Basel folgende seltsame Szene zu: Oporin, der berühmte Drucker, besuchte Platter und ließ sich von diesem das Versprechen geben, ihm täglich eine Stunde lang eine Hebräischlektion zu geben. Platter hielt sein Versprechen. Aber in dem ausgemachten Saal fand er nicht nur Oporin vor, sondern an die zwanzig Personen, Gelehrte, Pastoren, Magistratsbeamte, Ärzte. Auch ein Franzose hörte seine Lektionen, der so wohlhabend war, daß er einen seidenen Umhang besaß und von einem Diener begleitet wurde[11] ... Eingeschüchtert wollte der arme Seiler die Flucht ergreifen, aber Oporin hielt ihn zurück, zwang ihn, sich niederzusetzen und zu sprechen. Und von da an konnte man jeden Abend in einem geheizten Raum, mit einer ledernen Schürze am warmen Ofen sitzend, einen schmuddeligen walliser Arbeiter mit schwieligen und oft von der Arbeit blutigen Händen und mit einem gutmütigen bärtigen Gesicht sitzen sehen – der die versammelten Zuhörer, so gut er konnte, lehrte, was er wußte: das Hebräische ...

Ein einzigartiges Schauspiel? Keineswegs. Die Epoche war reich an Männern dieses Schlages, die alle von einem heldenhaften Drang nach Wissen besessen waren. Um das Jahr 1471 kam Johann Standonk zu Fuß von Gouda nach Paris, da er hoffte, als Stipendiat in einem jener Konvente aufgenommen zu werden, in denen man schrecklich unter Kälte, Hunger und Dreck litt. Nachdem er als Diener bei den Ordensbrüdern von Sainte-Geneviève aufgenommen worden war, arbeitete er tagsüber in der Küche, und in der Nacht lernte er. Da er zu arm war, um sich immer eine Kerze kaufen zu können, stieg er, wie man sagt, manchmal in den Kirchturm hinauf, um bei den Glocken im kostenlosen Lichtschein des Mondlichts zu studieren.[12] – Ebenso hat später Guillaume Postel, der große Orientalist aus der Mitte des Jahrhunderts, der als Domestik in das Kollegium von Navarra eingetreten war, ganz allein in der Nacht Griechisch und Hebräisch gelernt. – Noch später hat Ramus, der Diener eines reichen Scholaren, seine Nächte mit dem Studium verbracht. Nachdem er Schritt für Schritt seine Examen abgelegt hatte, wurde er zum Direktor des Kollegiums von Presles.

Sie waren rohe Gestalten, die ebenso hart zu anderen wie zu sich selber waren. Diese Männer kannten kein Erbarmen, keine Milde und kein Mitleid – keine »Humanität«. Standonk hat die unbarmherzigen Statuten von Montaigu verfaßt und in seinem Kolleg ein derart unmenschliches Regime errichtet, daß Rabelais es, nach

Erasmus, für mörderischer hielt als das der Gefangenen bei den Mauren und Tartaren. »Wenn ich der König von Paris wäre, so würd' ich's, hol' mich der Teufel, an allen Ecken anzünden und Vorsteher wie Lehrer bei lebendigem Leib darin verbrennen lassen, da sie es dulden, daß solche Unmenschlichkeiten vor ihren Augen begangen werden.«[13] – Als Platter seinem Sohn, auf den er stolz war und den er liebte, so gut er es vermochte, Schulstunden gab, versetzte er ihm einmal derartig harte Rutenschläge über die Augen, daß das Kind beinahe blind geworden wäre. – Aber weder die Mißhandlungen, noch der Arrest oder das schreckliche Regime in den Kollegien hielt die Kinder vom Studium ab. Die Bürgersöhne waren in diesem Punkt den großartigen und einzigartigen Autodidakten, für die Platter den Prototyp darstellt, ganz ähnlich. Henri de Mesmes, der mit dreizehn Jahren am Kollegium von Toulouse studierte, stand jeden Morgen um vier Uhr auf und begab sich, nachdem er zu Gott gebetet hatte, mit seinen großen Büchern unter dem Arm, sein Schreibzeug und seinen Leuchter in der Hand tragend, um fünf Uhr ins Klassenzimmer. Die Kurse dauerten ohne jede Pause von fünf bis zehn Uhr. Danach wurde gefrühstückt; und zur Unterhaltung las man wie zum Spiel Sophokles, Aristophanes oder Euripides – oft auch Demosthenes, Cicero, Vergil und Horaz. Um ein Uhr wurden die Kurse bis fünf wieder fortgesetzt. Danach kehrte man in seine Stube zurück und wiederholte in den Lehrbüchern die in der Klasse erklärten Abschnitte. Um sechs Uhr gab es Abendessen, danach wiederum in spielerischer Weise die Lektüre von griechischen oder lateinischen Texten. So sah das Leben einer Jugend aus, die keine Milde und keine Schonung kannte; so präsentierte sich die Lernbesessenheit in diesem so rohen Jahrhundert.

Bei all dem gab es eine offensichtliche Gefahr. Erinnern wir uns an die Grundzüge, mit denen wir vorhin den Menschen des 16. Jahrhunderts, welcher die Literatur studierte, zu charakterisieren versucht haben. So ernst, so überzeugt, so arbeitswütig und so begierig nach Bücherwissen (ich füge hinzu, mächtig unterstützt von einem ausgezeichneten Gedächtnis) wie diese Menschen waren, liefen sie nicht Gefahr, in einer knechtischen und buchstabengetreuen Bewunderung der antiken Autoren, der Kompilatoren oder der Originale zu versinken?

Eine offensichtliche Gefahr, gewiß – denn viele Kritiker und Historiker haben auf sie verwiesen. Hat die Renaissance beim Studium der Antike nicht den Schatz der Originalität des französischen Genies, der sich im Laufe des Mittelalters angehäuft hatte, verschwendet und vergeudet? Hat sie nicht einfach die antike Lehre an die Stelle der vorherigen Lehren gesetzt? Sagen wir es schnell und mit einer Härte, die man nicht immer gewohnt ist: diese Menschen sind durch ihre bäuerliche Derbheit und auch durch ihr Nomadentum davor bewahrt worden.

Für diese unter freiem Himmel schaffenden Menschen, für diese Landleute, hatte die Natur einen besonderen Stellenwert. Sie hatten zuvor auf dem Land gelebt und sie lebten oft freiwillig immer noch auf dem Land, unter jeder Bedingung und in jedem Lebensalter. Und wie alle, die auf dem Lande leben, brachten sie der Natur eine sorgfältige, unwillkürliche und leidenschaftliche Aufmerksamkeit entgegen. Sie haben die Natur anscheinend nicht wie Künstler genossen. Sie haben nicht alle ihre Philosophien aus ihr bezogen, und ihre Erfahrung erschöpfte sich nicht immer nur in dem schönen rabelais'schen Mythos von der Physis und der Natur mit weiten fruchtbaren Abhängen, die die Menschen bis zu dem Tag birgt, an dem sie vertrauensvoll und unbesorgt im Schoße unserer guten Mutter Erde einschlummern … Aber alle hatten, sozusagen von Geburt an, ein leidenschaftliches und sehr reflektiertes Interesse an Pflanzen, Tieren und Bäumen.

Daraus darf man allerdings nicht allzu schnell folgern, daß sie bereits gute Beobachter gewesen wären. Beobachten ist eine schwierige Angelegenheit. Wenn wir in Rechnung stellen, welche Hindernisse wir schon zu überwinden haben, um korrekte Beobachtungen machen zu können, wie muß es dann erst den Menschen des 16. Jahrhunderts gegangen sein. Öffnen wir irgendein Buch dieser Zeit, von einem beliebigen Autor: es gibt zwei oder drei Genies, und sonst? Man findet nur Wunder, Erscheinungen, göttliche oder teuflische Zeichen, Mirakel und Vorhersagen. Die Erde bebt: damit kündigt sich der Zorn Gottes an. Die Sonne geht rot hinter purpurnen Wolken unter: ein Zeichen für Krieg und Blut. Ein Verrückter wirft sich im Winter ins Wasser, in einen eisigen Fluß und wird rechtzeitig wieder herausgezogen, wiederbelebt, gepflegt und wieder gesund: ein Wunder! Hat er nicht die Heilige Jungfrau angerufen, als er fiel? – Wir heute tragen überall und von unseren ersten Schritten an die bequeme und praktische Vorstellung eines natürlichen Determinismus in uns. Noch die am wenigsten philosophisch geschulten Eltern trichtern diese Idee ihren Kindern ein, kaum daß diese etwas verstehen können. Wir bemühen uns, diesen Kindern von frühester Jugend an vernünftige Lösungen beizubringen. Wir bemühen uns, ihren Geist von allen Hirngespinsten freizuhalten, mit denen man sie einst in den Schlaf wiegte, alle instinktiven und idiotischen Ängste, die die Mütter und Großmütter ihnen durch ihre Geschichten sorgsam eingeflößt haben ... Die Menschen im 16. Jahrhundert! Im Vergleich zu den guten Denkern jener heroischen Zeit sind unsere leichtgläubigsten Kinder wahre Wunder an kritischem Geist ...

Da ist ein Arzt, ein sehr guter Arzt mit großem Ansehen und von großem Verdienst. Felix Platter, der Sohn jenes Thomas, von dessen Anfängen wir soeben berichtet haben.[14] Als er in Montpellier Medizin studierte, war er nahezu dreißig Jahre alt und hatte vier oder fünf Jahre medizinische Studien getrieben. Eines Tages verhaftete man einen Diener, den man beschuldigte, drei Jahre zuvor seinen Herrn, einen Domherrn, ermordet zu haben. Um den Angeklagten zu überführen, grub man das Opfer wieder aus; man konfrontierte den Verbrecher mit einem bereits drei Jahre alten Leichnam. Und Platter ist – als Arzt – höchst erstaunt, daß der Kadaver nicht seine Schuldigkeit erfüllt (wenn man das so sagen kann) und bei der Konfrontation mit dem Schuldigen nicht sofort zu bluten anfängt – und somit den Mörder demaskiert! Hier der Text: »Es gab jedenfalls keines der Zeichen, die man erwartete, wie zum Beispiel, daß sich die Wunden öffneten und das Blut zu fließen begann.« Man spürt beim Erzähler recht deutlich ein gewisses Erstaunen über die ausbleibende Reaktion des Kadavers.[15]

Der Geist dieser Menschen! Aus welchen Anhäufungen von Aberglaube mußte er sich erheben, sich beherzt von ihnen befreien, um sehen zu können – denn man sieht mit dem Gehirn und nicht mit den Augen. Dazu benötigte man noch zwei oder drei Jahrhunderte. Verbeugen wir uns tief vor den Menschen dieser Zeit, die sich durch eine heroische Anstrengung an sich selbst, durch einen bewundernswerten Blick über ihre Epoche hinaus, so hoch erhoben haben, daß sie der Welt und den Menschen ganz dicht und direkt ins Antlitz sehen konnten.

Und dabei wurden sie von den Denkern der Antike unterstützt. Man verweist immer wieder auf die vielen Irrtümer, auf den Aberglauben und die unüberprüften Tatsachen, die unter dem Deckmantel ihrer Autorität wie Worte aus dem Evangelium akzeptiert wurden. Das ist auch richtig. Aber zu diesen selben antiken Vorbildern gehörten auch ein Skeptiker wie Lukian, ein Ungläubiger wie Lukrez und vor allem ein Philosoph wie Cicero, wie der Cicero von *De Natura Deorum* und von *De Divinatione*, und, ich füge hinzu, ein nüchterner Gelehrter wie Plinius[16] – diese Denker der Antike dienten den Menschen im 16. Jahrhundert als ausgewiesene Lehrmeister des Rationalismus. Und von ihnen ausgehend, korrigierten sie die Fehler, die sie selber oder ihresgleichen gemacht hatten.

Und auch der Nomadengeist einer Epoche, in der niemand fest mit dem Boden verankert zu sein schien, in der Kaufleute ihr Leben auf den Straßen verbrachten, in der die Studenten von Stadt zu Stadt zogen und die Kurtisanen dem König von Provinz zu Provinz folgten, auch dieser Nomadengeist war ihnen nützlich. Es gab nicht nur eine unbändige Wißbegier, sondern auch einen Drang danach, etwas Neues zu sehen und den Raum zu erobern, der die Menschen dieser Zeit umschloß. Die sie umgebenden Grenzen der Unwissenheit zurückweichen lassen, den leuchtenden Kreis des Wissens und der menschlichen Vernunft erweitern – das war schon gut, genügte aber noch nicht. Diese Menschen wollten durch Reisen und durch schreckenerregende und zugleich voller Vertrauen unternommene Expeditionen sogar die Grenzen der Welt zurückweichen lassen. Es war eine Zeit, in der sich überall

Konrad Westermayr, *Nikolaus Kopernikus*,
um 1820 nach zeitgenössischem Bildnis

neue Welten auftaten, in der sich die Konquistadoren – die nicht
nur aus Spanien kamen – auf Abenteuerfahrten in Länder begaben,
die immer noch halb der Fabelwelt anzugehören schienen. Diejenigen, die nicht so weit reisen wollten, wurden vom Orient angezo-
gen, vom alten Orient ihrer Vorfahren, der schon seit ewigen Zeiten die Abendländer angelockt hatte. Man stürzte geradezu auf den
Orient los. Es wäre ganz interessant, einmal eine Liste von Gelehrten, Schriftstellern und Forschern zusammenzustellen, die bei der
ersten Gelegenheit, die sich ihnen bot, von Venedig aus, dem Tor
zum muselmanischen Orient, an die Levante, nach Syrien oder
zum Nil geeilt sind. Diese Entdecker waren an allem interessiert.
Dort verband sich alles miteinander: noch stehende Überreste des
Hellenentums; die in Klöstern vergrabenen alten Manuskripte; die
unbekannten Pflanzen; die seltsamen Tiere, aber auch die Menschen, ihre Sitten und Religionen, das faszinierende Rätsel des Is-
lam und des Türkischen ... Und sie schritten trotz aller Hindernisse, Gefahren und Entbehrungen voran, schreckten vor nichts
zurück, wurden manchmal von Berbern gefangengenommen, als

Sklaven verkauft, mußten drei, vier Jahre unter Schlägen seufzen –
und wurden dann befreit, freigekauft, hatten ihre Notizen durch
ein großes Wunder gerettet und schrieben sie mit ungestümer Leidenschaft ins Reine ...[17]

In ihnen brannte eine Art von Fieber nach Wissen und Erkennt-
nis. Nach der geographischen und irdischen Welt kam die andere
Welt, die der Mensch bildet. Um 1540 stahlen die Scholaren von den
Friedhöfen jeden Abend die frisch begrabenen Leichen und riskier-
ten dabei viele Mal den Tod; dann verbrachten sie die ganze Nacht
mit Sektionen, um die Geheimnisse dieser ›Fabrik des menschlichen
Körpers‹ zu durchdringen, die Andriés Van Wesef später in einem
herrlichen Buch allen enthüllte. Indessen hatte Kopernikus seit 1507
mit seinen Überlegungen über das System der Welt begonnen. Sie
sollten ihn dreiundzwanzig Jahre beschäftigen (1507-1530). Als sie
abgeschlossen waren, als der Gelehrte die Annahme des Geozentris-
mus energisch zurückwies und, nach Leonardo da Vinci, erklärte,
daß die Erde weder das Zentrum der Welt noch der Sonnenkreis-
bahn ist, hatte er mit einen Geniestreich nicht nur die Erde von dem
von ihr usurpierten Thron gestoßen, sondern gleichzeitig auch
Gott, Gott selber, der sozusagen vor dem Menschen flüchten und
sich ins Unendliche zurückziehen mußte ...

So sieht das aus, was den ein wenig zu künstlichen und auch ein
wenig beschränkten Blick, den die Literaturhistoriker uns allzu oft
auf die Renaissance vorgegeben haben, komplettiert, korrigiert
und auf ungewöhnliche Weise berichtigt.

Eine Absorption und eine teilweise Assimilation des antiken
Denkens durch Leute, die durch sechs Jahrhunderte von der Antike getrennt waren und denen das Christentum sechs Jahrhunderte lang ein Denken, ein Fühlen und ein Bewußtsein aufgedrängt
hatte, das sich grundlegend vom Denken, von den Gefühlen und
vom Bewußtsein der Denker der Antike unterschied – gut, das hat
die Renaissance zweifellos bewerkstelligt. Aber sie hat noch vieles
andere bewirkt.

Das Nomadentum der Menschen dieser Zeit, jene beständige
Unruhe, die sie dazu antrieb, sich sofort auf den Weg zu machen

und die entferntesten Straßen zu beschreiten, ihr Gefühl für das ländliche und natürliche Leben, ihre bäuerliche Ausdauer, die Gleichgültigkeit, die sie gegenüber allem an den Tag legten, was uns festhält, der heimische Herd, die Familie und sogar die Liebe – kurz gesagt, diese angeborene und bäuerliche Härte von Leuten, in denen ganz im Gegenteil der Geist der Kreuzzüge und der Bettel-mönche wiedererwachte, also jener Franziskaner, die im 13. und 14. Jahrhundert in das Herz von Asien aufgebrochen waren, um Klöster zu gründen und Bistümer zu schaffen[18]: all das muß man angesichts der in der Schule erworbenen Tugenden und Verdienste der Menschen dieser Zeit in die Waagschale werfen.

Waren diese Männer von der Antike sklavisch abhängig? Nein. Wenn Gargantua sich mit seinem ausgezeichneten und geradezu symbolischen Appetit zu Tisch begibt, so ist die ganze Natur, darin eingeschlossen die Antike, in üppiger Weise vor ihm ausge-breitet. Dann setzt er sich nieder, indem er das Kreuz schlägt und das christliche Tischgebet spricht. Antikes Denken, christliche Tradition und Naturkult: all das nährt und füttert sie gleichzeitig, diese Menschen von heftiger Leidenschaft. Sie verschlingen es. Um dieses Durcheinander dann zu verdauen, um all das zu assimilie-ren, was sie hinuntergeschlungen haben, brauchten sie zwei Jahr-hunderte ... Denn was war das 17. Jahrhundert im Grunde ande-res, als diese fast einhundert Jahre dauernde Verdauung, als die langsame Assimilation all dessen, was das 16. Jahrhundert an wi-dersprüchlichen Ideen und verschiedenartigen Fakten aufgesogen hatte?

Nein, Rabelais hat Gargantua und Pantagruel sicherlich nicht zu Unrecht zu Riesen gemacht. Er ist damit nur seinem Jahrhundert gerecht geworden.

*R*enaissance, das ist ein beschwö-
rendes, doch auch verwirrendes Zauberwort. Es hat einen Doppel-
sinn. Einmal bezeichnet es eine intellektuelle Richtung, dann wieder eine ästhetische. Wie sehen die Beziehungen zwischen den
beiden aus?

Früher einmal galt diese Frage als einfach. Karl VIII., der bei
Fornovo mit seinen Packwagen entkommen war, hatte die ›Renaissance der Wissenschaften‹ und die ›Renaissance der Künste‹ direkt
miteinander verbunden. Im Frankreich des ausgehenden 15. Jahrhunderts stellte man in einem anschaulichen Diptychon der im
Niedergang begriffenen Gotik das prächtige Italien des Quattrocento gegenüber, das im Ruhm seiner Maler und Bildhauer erstrahlte. Warum soll man es nicht für möglich halten, daß sich
unsere berauschten und geblendeten Vorfahren angesichts des
wunderbaren Reichtums an Meisterwerken, die noch in den klein-
sten italienischen Städten im Überfluß vorhanden waren, beim Gedanken an ihre ästhetische Unwissenheit voll Reue an die Brust
geschlagen – und nicht sofort alles getan hätten, um einen so großen Rückstand auszugleichen?

Tatsächlich entstanden schon in den ersten Jahren des neuen
Jahrhunderts wie von Zauberhand die Schlösser an der Loire: das
gotische Dekor wurde allmählich durch antikisierendes ersetzt,
während Franz I. unter anderem Leonardo da Vinci, Benvenuto
Cellini und Primaticcio nach Frankreich rief. Und bald erhob sich
auf den gotischen Ruinen im Louvre und in den Tuilerien eine
neue klassische Kunst, die bereits den Ruhm und die logischen
und rationalen Errungenschaften des großen Jahrhunderts ankün-
digte ...

Einige haben diese These bestritten und wollten beweisen, daß
sie übertrieben war, daß die Italiener in dieser ganzen Geschichte

in Wirklichkeit durchaus nicht die große Rolle gespielt haben, die man ihnen zugeschrieben hat. Aber um überhaupt diskutieren zu können, begaben sie sich auf das Terrain ihrer Gegner. Andere empörten sich und zeigten voller Schmerz und Verzweiflung, wie der französische Genius der italienischen Invasion zum Opfer fiel, wie der französische Nationalgeist durch ausländische Importe zerstört wurde; sie verfluchten die Renaissance als wahre Toten-gräberin der französischen Kunst ...

Von diesen Diskussionen ist man mittlerweile abgekommen. In den letzten Jahren hat man sich vor allem damit beschäftigt, über Menschen und Dinge genau und sorgfältig zu forschen: über die Italiener, die zu Beginn des 16. Jahrhunderts nach Frankreich geru-fen wurden und über die Kunstwerke, die zur selben Zeit in Frank-reich entstanden sind. Man hat äußerst objektiv festzustellen ver-sucht, welche Anteile der großen Gebäude, ja aller großen Kunst-werke dieser Zeit auf die alten nationalen Traditionen und welche auf die italienischen Neuerungen zurückzuführen sind. Das alles ist natürlich legitim, vernünftig und nützlich. Aber es liegt außer-halb unseres Interessengebietes und ist aus unserer Sicht recht un-befriedigend.

Wenn man sich dem Problem auf diese Weise nähert, erliegt man einem fundamentalen Irrtum, der unserer Meinung nach auf folgender Voraussetzung beruht: es soll in Frankreich vor Beginn der italienischen Kriege, am Ende des 15. und zu Beginn des 16. Jahrhunderts eine eigenständige französische Kunst gegeben haben – eine besondere und autonome, streng nationale Kultur, die niemandem etwas zu verdanken hatte. Eine Kunst – das heißt ein Bündel von unterschiedlichen Künsten, also neben der Architek-tur, die in Wirklichkeit eine französische gewesen sein soll, auch Bildhauerei, Malerei und Kupferstich, die gleichermaßen franzö-sisch gewesen sein sollen.

Plötzlich soll die Barriere der Berge sich aufgetan und einen Weg für die Italiener freigegeben haben. Und die einheimische nationale Kunst, diese im ausschließlichen und engen Sinne franzö-sische Kunst, soll durch eine importierte Kultur transformiert und schließlich verdrängt worden sein.

Wenn wir unseren Blick allerdings nicht ausschließlich auf archi-
tektonische Baudenkmäler beschränken, wenn wir auch die Er-
scheinungsformen von anderen Künsten wie der Plastik, Malerei,
Miniatur und dem Kupferstich berücksichtigen – dann drängt
sich eine Schlußfolgerung auf: im Frankreich von Ludwig XI. und
Karl VIII. gab es keine französische Kunst im heutigen Sinn des
Wortes. In dieser Epoche gab es in Frankreich künstlerische Zentren, in denen sich eine kosmopolitische und europäische Kunst
entwickelte, die Kunst der Länder Nordeuropas. Oder es spielte
sich, wenn man so will, im 15. und 16. Jahrhundert ein großes
Drama ab, dessen Protagonisten die italienische und die flämische
Kunst waren. Ein großes Drama, das gewissermaßen über Frankreich hinwegging, über ein Frankreich auf halbem Wege zwischen
Flandern und Italien, ein Land des ›juste milieu‹, der Vermischung
und Versöhnung. Und es geht darum, festzustellen, welcher der
beiden Protagonisten in diesem leidenschaftlichen Drama triumphieren sollte. Während des gesamten 15. Jahrhunderts gab es darüber keinen Zweifel. Die Kunst des Nordens hatte den Vorrang.
Und zwar so eindeutig, daß sie auf dem Höhepunkt des Quattrocento sogar großartig und triumphierend die Alpen überwinden
und die Italiener für sich gewinnen konnte. War es denn nicht ein
Italiener, Bartolomeo Facio, der 1465 in seinem Werk *De Viris
Illustribus* Jan van Eyck zum größten Maler des Jahrhunderts erklärte? Hat die alte Legende von Antonello da Messina, der sich in
Flandern in das Geheimnis der Ölmalerei einweihen ließ, nicht
einen durchaus symbolischen Wert? Und als Roger van der Wey-
den um 1450 durch Italien reiste und zahlreiche Aufträge für große
Gemälde von Italienern erhielt, die der Meister aus dem Norden in
Italien vollendete – wurde damit nicht auch der Sieg der flämischen
Kunst über die Italiener bestätigt?

Doch dann, zu Beginn des 16. Jahrhunderts, fand eine plötzliche, vollständige und entschiedene Umkehr statt. Die italienische
Kunst hielt inne, machte Front und griff ihrerseits an. Sie ging
zu einer plötzlichen und vernichtenden Offensive über. Innerhalb
weniger Jahre eroberte, unterwarf und vernichtete sie die Flamen
und Deutschen. In der gesamten Kunstgeschichte gibt es wenige

Revolutionen, die so plötzlich, so heftig und so umfassend waren ...

Dies war das große Drama, das über Frankreich hinwegging, dessen Lösungen jedoch für Frankreich durchaus nicht gleichgültig waren. Wenn man es nicht berücksichtigt, wenn man einen italienischen und einen französischen Nationalstaat einander einfach gegenüberstellt, die beide über eine autochtone und nationale Kunst verfügt haben sollen – zwei Nationen, die zunächst voneinander abgeschlossen waren und dann durch Kriege miteinander in Berührung kamen und von denen die eine, durch die Waffen besiegt, die andere angeblich durch ihre Kunst eroberte: *Graecia capta* ... – dann verharmlost man diese Geschichte. Dann verhindert man jedes Verständnis. Dann setzt man sich von vornherein den schlimmsten Irrtümern und Mißverständnissen aus.

Was war die französische Kunst am Vorabend der Renaissance? Verständigen wir uns zunächst über den Begriff ›französische Kunst‹.

Auf dem Territorium, das gegenwärtig französisches Territorium ist, gab es eine gewisse Anzahl von künstlerischen Zentren, die sich im Umkreis reicher, großzügiger und kultivierter Fürsten gebildet hatten – Mäzene, deren Zahl am Ende des 14. und während des 15. Jahrhunderts zunahm: Jean de Berry, René de Provence und Philipp der Gute, der Herzog von Burgund, um nur einige zu erwähnen. – Daran ist nichts ›nationales‹ im modernen Sinne des Wortes. Man darf nicht vergessen, daß die Grenzen Frankreichs im 15. Jahrhundert, etwa im Jahr 1475 kurz vor dem Tod von Karl dem Kühnen, durchaus nicht den heutigen entsprachen. Daher auch die unzähligen, unüberwindlichen Schwierigkeiten ...

Gehörte die Picardie zu Frankreich? Sie gehörte jedenfalls Karl dem Kühnen. Aber gehörten Arras und das Artois auch zu Frankreich? Das Artois gehörte ebenfalls Karl dem Kühnen. War Karl der Kühne nicht ein französischer Fürst? Und gehörte das Artois nicht zum Lehensbereich des Königreichs? Ja, vor dem Vertrag von Madrid gewiß; aber danach? Und in diesem Punkt wurde der Vertrag von Madrid am 3. August 1529 durch den Vertrag von

Cambrai bestätigt. Mehr als ein Jahrhundert lang war es eine Provinz, die nicht von den französischen Königen abhängig war. – Aber selbst wenn man das noch zugestehen würde – was ist mit Lille, Saint-Omer, Brügge und Gent?

Das waren burgundische Städte, die alle die Oberherrschaft Karls des Kühnen anerkannten. Dabei könnte man jedoch noch Unterschiede machen; Lille ja, und auch Saint-Omer. Aber weder Brügge noch Gent. Und warum? Weshalb sollte man zu diesem Zeitpunkt Lille von Brügge und Saint-Omer von Gent trennen? Sie alle waren flandrische Städte und befanden sich Frankreich gegenüber in genau derselben politischen Lage. Man braucht sich nur die aufeinander folgenden Karten das Königreichs aus den Jahren 1476, 1610 und 1648 anzusehen. Arras, Cambrai, Lille, Ypern, Brügge, Gent: noch für eineinhalb Jahrhunderte lagen alle diese Städte außerhalb von Frankreich, unter und bei den Feinden des Königs. Dieselbe Frage stellt sich auch für Lothringen und Burgund, für die Franche-Comté und Savoyen. Wie läßt sich diese Frage lösen? Schlicht und einfach durch die Projektion der Gegenwart (einer Gegenwart, die durchaus keinen Ewigkeitscharakter hat) in die Vergangenheit? Schon die Frage zeigt, daß ein solcher Versuch sich von selbst verbietet.

Aber es geht noch um etwas anderes. Es gab nicht nur keine Länder im modernen Sinn des Wortes, auch das Denken, das die Kunst jener Zeit beherrschte, hatte nichts ›nationales‹ an sich.

Das Mittelalter war auf dem Gebiet des Denkens und der Kunst von Grund auf international. Im 13. und 14. Jahrhundert erstreckte sich eine umfassende christliche Kultur mit gemeinsamen Merkmalen über das ganze Gebiet des zivilisierten Europa. Diesen Internationalismus in Denken, Wissenschaft und Kunst, der sich des Lateins als gemeinsamer Sprache bediente, gab es auch noch im 15. Jahrhundert; und trotz der Herausbildung der großen Nationalitäten sollte er noch lange weiterbestehen.

Die Künstler, die jene vorhin erwähnten ›künstlerischen Zentren‹ bildeten, stammten normalerweise nicht unbedingt aus den Ländern, in denen sie arbeiten. Sie waren Nomaden. Sie kamen von überall her. Die burgundische Bildhauerschule von Dijon wurde von dem Holländer Claus Sluter gegründet, oder zumindest verbreitete er ihren Ruhm; sie kam durch das Zusammenströmen von Künstlern zustande, von denen nicht einer aus dem Burgund kam. Ebenso die Kölner Malerschule, die man im Wallraf-Richartz-Museum in Köln betrachten kann und die so homogen, kohärent und einheitlich erscheint: zu ihren wichtigsten Vertretern gehört kein einziger Kölner. Man trifft auf Schwaben wie Stefan Lochner, auf Antwerpener wie Josse van Cleve, den Meister des Todes von Maria, auf Holländer wie Bartholomäus Bruyn d. Ä. und schließlich sogar auf einen Franzosen, Pierre des Mares. Und in der berühmten Malerschule von Avignon, die durch die Arbeiten von Abbé Requin wieder ans Licht gebracht wurde und die nach der Ausstellung der frühen französischen Malerei mit der tragischen *Pietà* von Villeneuvelez-Avignon den Louvre im Triumph eroberte, begegnet man Malern aus der Picardie, aus dem Burgund, dem Limousin, der Ardèche und aus Katalonien; jedoch niemandem aus Avignon.

Wie die Maler von überall herkamen, so stammten und kamen auch die Humanisten von überall her. Wo liegt die Heimat von Erasmus? Und gehört er wirklich nur zur Grafschaft Holland? Die Künstler waren nicht an ein bestimmtes Land gebunden, sondern an einen bestimmten Meister, einen Meister im strengen Sinn des Wortes, der sie ihr Metier gelehrt hat, von dem sie Rezepte, Gewohnheiten und Praktiken übernommen haben. Und ihr Stil war einerseits durch die Lehre dieses Meisters bestimmt, die ehrfürchtig und gewissenhaft aufgenommen und bewahrt wurde, andererseits aber durch den besonderen künstlerischen Geschmack des Mäzens, für den sie arbeiteten und der oft eigene, zurückgebliebene Vorstellungen hatte, die er durchsetzte und die nicht in Frage gestellt wurden.

Diese vorläufigen Bemerkungen zeigen, welchen Fehler man begeht, wenn man von einer französischen Kunst des 15. Jahrhunderts spricht, als ob es sich dabei um eine wirklich nationale Kunst handelte, die homogen, kohärent, deutlich erkennbar und bestimmbar wäre. Und doch ist diese Kunst ein wichtiges Dokument, über das man nicht hinweggehen kann, wenn man die Ent-

Aus dem Stundenbuch des Duc de Berry

wicklung der Kunst des 14. und 15. Jahrhunderts in unserem Land
verfolgen will. Das *Stundenbuch* des Duc de Berry ist ein wahres
Wunder, das Glanzstück der Sammlung des Herzogs von Aumale
in Chantilly. Man schlägt dieses Meisterwerk auf, man blättert in
seinen Seiten herum – oder jedenfalls in den Seiten der schönen
Reproduktion, die Graf Durrieu 1904 davon hat herstellen lassen;
man betrachtet die Bilder und ist entzückt. Aber auch ratlos. Zu
welcher Schule gehören diese wunderbaren Miniaturen? Zur flämischen? Ja und nein; sie haben mitunter eine gewisse flämische Atmosphäre. Wenn man aber die Details beachtet, wo ist dann zum
Beispiel, um nur dies zu erwähnen, der flämische Faltenwurf, der
so charakteristisch für alle Werke aus dieser Schule und aus dieser
Zeit ist? – Ist das Werk italienisch? Nein. Aber dennoch ist es ein
Werk voll italienischer Reminiszenzen. Sprechen wir nicht von
jenen Seiten, die Zug um Zug italienische Werke wiedergeben, wie
zum Beispiel den Tempelgang Marias von Taddeo Gaddi, den man
noch heute in Santa Croce in Florenz sehen (oder vielmehr unter
den entstellenden Übermalungen erahnen) kann und der auf einer

der Miniaturen des *Stundenbuchs* ziemlich genau wiedergegeben wird. Wenn man sich aber die Werke der Sieneser Schule aus dem Trecento näher ansieht, die voller Charme, Zartheit und Empfindung sind, ist man erstaunt über die unübersehbar sienesischen Elemente im Manuskript von Chantilly. Darüber hinaus finden sich Anleihen oder Reminiszenzen an den Orient; Anleihen oder Reminiszenzen an die klassische Antike, an berühmte antike Gruppen, die von den Malern des Jean de Berry reproduziert oder geschickt genutzt wurden; alte Münzen erstehen neu, orientalische Miniaturen scheinen zu diesen meisterlichen Blättern inspiriert zu haben... Und an allem, an jeder Seite dieses wunderbaren Kalenders haftet ein Gefühl für das vertraute Leben im ländlichen Frankreich.

Eine internationale Kunst? Das klingt etwas großsprecherisch. Es war eine Kunst nach dem Geschmack und den Vorstellungen des Jean de Berry, die von einigen der besten Meister seiner Zeit umgesetzt wurden. Allerdings war Jean, ein französischer Fürst mit einem sehr französischen Geschmack, ein äußerst erfahrener und interessierter Kunstliebhaber, dessen Interesse sich unterschiedslos auf alles Schöne und Neue richtete.

Aber ist dieses *Stundenbuch* nicht gerade wegen seiner Schönheit und seiner berühmten Herkunft eines jener einzigartigen Dokumente, eines jener ungewöhnlichen Meisterwerke, die außerhalb der Normen stehen und die man daher nicht zum Gegenstand einer Untersuchung über die Entwicklung der normalen künstlerischen Produktion machen sollte? Das ist richtig. Aber es ist auch richtig, daß man die Mischung von Einflüssen, die hier zu einem so harmonischen Ergebnis geführt haben, im Lauf des 15. Jahrhunderts überall aufspüren, finden und beobachten kann, in allen Kunstwerken, die in dieser Zeit für die französischen Fürsten, Städte und Gemeinden in dem Gebiet des heutigen Frankreich geschaffen wurden. Sicher war diese Mischung nicht überall so ausgewogen, so gekonnt und geglückt. Die Zusammensetzung war unterschiedlich, je nach Mäzen und auch nach Maler. Doch je weniger gelungen sie war, desto genauer läßt sie sich analysieren und in einzelne Elemente unterschiedlicher Herkunft zerlegen.

Von welchem Geist wurde diese Kunst beherrscht? Welche Bedürfnisse befriedigte sie? Welche Empfindungen reflektierte sie?
Welche allgemeinen Vorstellungen über das Leben, die Religion,
die Gesellschaft gab sie wieder?

In einem bemerkenswerten Buch – dessen zentrale These als
solche ich keineswegs akzeptiere, das aber dennoch solide gearbeitet ist – hat Émile Mâle sich dazu geäußert.[1] Während die christliche Kunst im 13. Jahrhundert klassisch, ebenmäßig und streng war
und nichts ihrer Klarheit gleichkam oder sie berührte, trat am Ende
des 14. und zu Beginn des 15. Jahrhunderts eine neue Ikonographie
auf, die der Kunst einen bisher unbekannten Charakter verlieh. Sie
wurde pittoresk, pathetisch und menschlich.

Dieser neue Zug des Pittoresken ist bedeutsam. Nichts war der
Kunst des 13. Jahrhunderts fremder als die Beachtung des Anekdo-
tischen, des Lokalkolorits, des historischen oder pseudohistori-
schen Rahmens. Es genügte ihr vollkommen, jenseits aller Zufällig-
keiten, jene ewigen Bilder aller Zeiten, aller Orte, aller Gedanken
zu schaffen: ein Gottvater von Amiens; ein heiliger Theodor von
Chartres; ein heiliger Stephan von Sens.

Und die Kunst des 15. Jahrhunderts? Ihre Aufmerksamkeit für
das pittoreske Detail, für die individualisierende Besonderheit,
zeigte sich an der Kleidung, die zur Kleidung einer Zeit, einer
Epoche, einer gesellschaftlichen Klasse oder einer Zunft wurde.
Der heilige Michael am großen Portal von Bourges wiegt die Seelen
in einem langen Gewand mit klassischem Faltenwurf. Der heilige
Michael auf dem Altaraufsatz von Jacques de Baerze in Dijon ist
von Kopf bis Fuß ein gerüsteter Ritter des 15. Jahrhunderts, und
die Genauigkeit der Details an seiner Rüstung begeistert die Ar-
chäologen. Gott selbst, Gottvater, den das 13. Jahrhundert nur
sehr selten darstellte, als ob es sich vor seiner Majestät scheute,
wurde im 15. Jahrhundert zu irgendeinem königlichen Nestor, einem bärtigen Karl dem Großen, der in seinem Prunk thront, in der
Hand eine Kugel trägt wie ein Kaiser und auf seinem Haupt eine
Tiara wie ein Papst. Allerdings mit einem naiven Detail: die päpst-
liche Tiara besteht aus drei Kronen, die göttliche aus vier oder fünf.

Und wie die Kleidung begannen auch die Orte, sich zu unterscheiden. Wo spielte im 13. Jahrhundert die Verkündigung? In der Welt des Glaubens und der Hoffnung. Die Jungfrau und der Engel, beide in lange, fließende Gewänder gehüllt, tauschten aufrecht stehend die göttliche Botschaft aus. Und im 15. Jahrhundert? Die Jungfrau ist jetzt eine junge Dame, die ein schönes blaues Kleid trägt und den Engel in ihrem Gebetsraum oder in ihrem Zimmer empfängt, ein Raum, von dem uns nicht nur der Vorhang gezeigt wird, sondern auch Möbelstücke, etwa ein Gebetsstuhl in einem Winkel oder sogar – wie man sich im Museum von Brüssel auf einem sehr schönen Bild überzeugen kann, das dem Meister von Flémalle zugeschrieben wird – an der Wand ein Bild des heiligen Christopherus, der, offenbar ein wenig verfrüht, das Jesuskind auf seiner Schulter trägt! – Und damit ist die Szene vom Himmel zur Erde herabgestiegen: eine flämische, französische oder deutsche Erde; wir wissen es, wir sehen es, wir können das Land erkennen und sogar fast das Jahr bestimmen...

Endlich verzichtet die Kunst auf ihre hochmütige Gleichgültigkeit. Der triumphierende Christus des 13. Jahrhunderts wurde durch den leidenden, gemarterten und gekreuzigten Christus des 15. Jahrhunderts ersetzt. Über das Drama der Passion, ein Drama, das sich langsam zu vollziehen scheint, von Station zu Station, bis hin zum Ende auf Golgatha – berichtet das 15. Jahrhundert jede Einzelheit, ohne uns eine Wunde, einen Sturz oder eine Träne zu ersparen. Es verfolgte dieses Drama sogar über das Kreuz Christi hinaus, bis hin zum Kreuz der Mutter Gottes, das vielleicht noch schmerzlicher und herzzerreißender ist als das andere. Tatsächlich war die *Pietà* das Lieblingsthema des 15. Jahrhunderts: der blutige und geschundene Körper Christi auf den Knien der schmerzerfüllten Jungfrau...

Durch diesen Sinn für das Pittoreske und gleichzeitig durch die Fähigkeit zum Mitleiden, die sie freisetzte, wurde die Kunst menschlich. Sie näherte sich dem Herzen des Menschen. Sie stieg von ihrem hohen Piedestal herab, um die Kreaturen zu trösten, zu wärmen und ihre Gefühle zu erwecken. Aber weshalb sollte man näher auf all diese Themen eingehen, die ja schon von Émile Mâle so gekonnt herausgearbeitet worden sind?

Er erklärt diese neuen Charakteristika der Kunst durch das Auftauchen der großen Mysterienspiele gerade in den ersten Jahren des
15. Jahrhunderts, die auf den Plätzen, in den Straßen und vor den
Kathedralen vor einer begeisterten Menge aufgeführt wurden. Eine
kluge, brillante und sehr verführerische These. Aber eine unzu-
längliche These, um es mit einem Wort zu sagen, weil sie die Frage
in Wirklichkeit nicht beantwortet.[2]

Warum wurde die Kunst pittoresk, pathetisch und menschlich?
Durch die Mysterienspiele. Aber warum waren die Mysterienspiele zu dieser Zeit pittoresk, pathetisch und menschlich? Durch
den Einfluß, den die *Meditationen über das Leben Christi* auf das
Denken ausübten, ein Büchlein im Geiste franziskanischer Frömmigkeit aus dem 13. Jahrhundert, das früher irrtümlich dem heiligen Bonaventura zugeschrieben wurde. Aber warum fanden die
Meditationen, die im 13. Jahrhundert geschrieben wurden, im
15. Jahrhundert einen solchen Anklang, vor allem in Frankreich?

Wenn man die Kunst durch das Theater erklärt und das Theater
durch die *Meditationen* (falls überhaupt eine Erklärung gegeben
wird), dann verschiebt man damit das Problem. Warum fand in
dieser Epoche eine Veränderung des Geschmacks statt? Warum
wurde in der Kunst dieser Zeit das neue Bedürfnis nach dem Pittoresken, Pathetischen und Menschlichen befriedigt? Es bietet sich
nur eine einzige Erklärung an, eine Erklärung gesellschaftlicher
Art, die Mâle allerdings nicht gibt: genau in dieser Epoche entstand
in der Gesellschaft eine neue Klasse, eine eigenwillige, aktive, neu-
gierige Klasse, deren Geschmack und Neigungen zutiefst reali-
stisch waren, die sich einen Platz schuf, einen immer größeren und
beneidenswerteren Platz; eine Klasse von Menschen, die die Kunst
des 13. Jahrhunderts, von anderen Menschen und für andere Menschen geschaffen, nicht mehr befriedigte: das Bürgertum.

Am Ende des 14. und zu Beginn des 15. Jahrhunderts vollzogen
sich gleichzeitig drei Ereignisse: der Aufstieg des Bürgertums, die
Verbreitung einer realistischen Kunst, die von den bürgerlichen
Malern aus Flandern beherrscht wurde, in ganz Europa und das
Aufkommen einer neuen Ikonographie, die pittoreske, pathetische
und menschliche Bestrebungen übermittelte. Gibt es zwischen die-

sen drei unterschiedlichen Ereignissen nur eine zeitliche Übereinstimmung? Oder sollten sie einander nicht vielmehr bedingen?

Wenn wir nun in einem Land wie Frankreich die allgemeine Entwicklung der Künste von der Mitte des 15. bis zum ersten Viertel des 16. Jahrhunderts verfolgen, zeigt sich dann ein Umschwung, der etwa jenem entspräche, der sich am Ende des 14. und zu Beginn des 15. Jahrhunderts in Kunst und Gesellschaft gleichzeitig vollzogen hat? Keineswegs.

Die Kunst zur Zeit Karls VIII. und noch Ludwigs XII. ist die gleiche, die schon unsere Vorfahren unter Ludwig XI. und sogar früher, unter Karl VII., unter Karl VI. und unter Karl V. erfreute. Es bieten sich die gleichen Begriffe an, um sie zu bewerten. Man findet zwar keine großen, zusammenhängenden Projekte mehr, das ist wahr. Aber es gibt eine Fülle von bezaubernden kleineren Werken, die überall verstreut sind, in den Kirchen, den alten Herrenhäusern, in ländlichen Kapellen am Wegrand und an den Fassaden bürgerlicher Stadthäuser. Es gibt eine große Anzahl von Kirchenfenstern mit prunkvollem Glanz und pittoreskem Muster, deren Anordnung den Regeln einer festgelegten Ikonographie folgt, und schließlich auch eine Menge von Miniaturen, die von pittoresken und zugleich menschlichen Elementen erfüllt sind. Und natürlich läßt sich nach und nach auch eine Art von Ausdehnung und Erweiterung erkennen, je weiter man vom Anfang bis zum Ende des Jahrhunderts fortschreitet; aber von den ersten Werken bis zu den letzten durchschreitet man eine Folge von kaum merklichen Übergängen. Von ungefähr 1400 bis etwa 1500 kann man zum Beispiel die Entwicklung einer so deutlich charakterisierten, homogenen Schule wie der von Burgund verfolgen; im Verlauf des ganzen Jahrhunderts handelt es sich im Grunde um die gleiche Kunst: so pittoresk, pathetisch und menschlich wie sie nur sein kann; aber darüber hinaus läßt sich in den späteren Werken eine Art von freudiger Empfindsamkeit erkennen, die man in zunehmendem Maße aus den zunächst verschlossenen, traurigen, ungefälligen Gesichtern der frühen Zeit ablesen kann und die die etwas hageren und starren Gestalten zu Beginn des 15. Jahrhunderts allmählich belebt und aufblühen läßt. Woher kam diese neue Empfindsamkeit? Aus Italien? Aber nein! Aus dem Frieden, aus der Lebensfreude – ja, und auch aus dem natürlichen Fortschritt einer Kunst, die sich im Verlauf ihrer Entwicklung verfeinert, erweitert und vervollkommnet hat.

Die Kunsttheoretiker, die die technische Weiterentwicklung der Kunst verfolgen, mögen sagen was sie wollen. Sie können diesen abstrakten Mechanismus, nach dem Genres neue Genres und Formen neue Formen hervorbringen, solange abspulen lassen, wie sie wollen – ich verneige mich respektvoll vor ihrer Wissenschaft, ich bewundere die genaue Dokumentation ihrer Forschungsarbeit – aber ich werde immer dabei bleiben: wenn eine Gesellschaft sich nicht oder kaum ändert, wenn es in einer Gesellschaft keinen plötzlichen Umschwung, sondern nur eine allmähliche Entwicklung gibt, dann gibt es auch keine neuen Entwicklungen, die einen Zauber ausstrahlen und Begeisterung auzulösen vermögen. Man kann einer solchen Gesellschaft, wie mächtig und angesehen man auch sein mag, keine Kunst aufzwingen, die nicht voll und ganz ihren Bedürfnissen entspricht. In diesem Fall hätte man daher dem Frankreich Karls VIII. und Ludwigs XII. nicht die Kunst des italienischen Quattrocentro aufpropfen können.

Die Kunst des Quattrocento? Was hätte dieses Frankreich damit anfangen sollen? Zunächst einmal ist festzuhalten: es war keine leicht transportierbare Kunst. Die Kunst der italienischen Meister fand zu jener Zeit ihren höchsten Ausdruck im Fresko. Und ein Fresko ist per definitionem unbeweglich. Natürlich gingen die Italiener im Laufe des 15. Jahrhunderts nach und nach zur Leinwand über, zur kleinen, transportablen Leinwand, die lange ein Monopol der Maler aus dem Norden war; aber ihr Bestes haben sie bei den Fresken geleistet, bei ihren großen, dekorativen Fresken. Wieviele italienische Kunstwerke allerersten Ranges kann man auch heute noch, trotz der vielen Museen, die es überall gibt, nur kennenlernen, wenn man eine Reise nach Italien macht? Giotto, die gesamte Giotto-Schule? Darüber braucht man gar nicht zu reden. Masaccio? Wer sich nicht die Brancacci-Kapelle in *Santa Maria del Carmine* in Florenz angeschaut hat, kennt ihn überhaupt nicht.

Luca Signorelli, 1441-1523, *Charon, die Verdammten und die Erzengel,*
Fresco, Orvieto, Dom, Ausschnitt

Und kann man Signorelli wirklich außerhalb der italienischen
Halbinsel betrachten? Ebenso Ghirlandaio, Mantegna und Raffael,
was bedeuten sie jemandem, der ihre großen Wandmalereien nicht
kennt?

   Aber lassen wir das. Nehmen wir an, diese erste große Schwie-
rigkeit wäre überwunden. Sogleich erhebt sich eine zweite. Die
Kunst der italienischen Schulen war natürlich nicht völlig homo-

gen. Der Beweis dafür liegt schon darin, daß wir eher von italienischen Schulen als von der italienischen Kunst sprechen. Dennoch, und trotz der Verschiedenartigkeit der lokalen und individuellen Temperamente, von Schule zu Schule und von Meister zu Meister verbinden gemeinsame Züge die Werke und die Menschen, so daß wir sie ohne Zögern oder Zweifel als ›italienisch‹ erkennen und bezeichnen können.

Waren diese Züge aber nicht so charakteristisch und ausgeprägt, daß diejenigen, die sie verkörperten – gerade weil sie sie verkörperten – auf die Kunst eines Landes, das eine ganz andere moralische Grundstruktur als ihr eigenes Land jenseits der Berge hatte, gar keinen ernsthaften und andauernden Einfluß ausüben konnten?

Einen der stärksten Eindrücke in Florenz empfängt man, glaube ich, wenn man in einem Saal der *Uffizien* plötzlich vor dem großen Meisterwerk steht, das Hugo van der Goes um 1476 im Auftrag von Thomas Portinari, dem Vertreter der Medici in Brügge, gemalt hat. Man ist gerade durch die Säle hindurchgegangen, in denen die Meisterwerke des Quattrocento versammelt sind und verläßt die hohen Galerien, von wo aus der Blick bis zu den bewaldeten Hängen von San Miniato reicht; man ist erfüllt von den schönen Formen, harmonischen Kompositionen und eleganten Figuren der florentinischen Meister. Man hat sich in die subtile Kunst dieser *tondi* [kreisförmige Bilder] vertieft, von denen jedes ein anderes Problem der Komposition, der Verbindung von Linien und Formen aufgreift und löst.

Plötzlich steht man vor einer riesigen Leinwand. Leuchtende und tiefe Farben, die das Auge fesseln. Eine Größe in Entwurf und Ausführung, die beeindruckend ist. Eine selbstsichere Kraft, die einfach überzeugend ist. Welch ein Kontrast! Daran ist nichts Gelehrtes, Raffiniertes, Seltenes oder subtil Geplantes. Wenn man die Komposition analysiert, wirkt sie sogar ungeschickt, die Figuren sind nicht maßstabsgerecht, der Vordergrund ist unzusammenhängend und nur karg ausgeschmückt. Aber welcher Eindruck von Andacht geht von dieser riesigen Leinwand aus, bei der alles zusammenwirkt, um eine besondere Atmosphäre zu schaffen – alles, sogar die Ungeschicklichkeiten des Malers, sogar die Häßlichkeit der stiefmütterlich behandelten Engel des Nordens und das eckige, traurig-nachdenkliche Gesicht!

Der Schock ist heftig. Die Schlußfolgerung liegt auf der Hand. Flamen und Italiener sprachen im 15. Jahrhundert in Wirklichkeit nicht dieselbe Sprache. Und das war nicht neu. Flamen und Italiener und natürlich auch Franzosen und Italiener. Flamen und Italiener waren zwei Extreme. Die Franzosen, zwischen diesen beiden rivalisierenden Brennpunkten stehend, vermittelten, wie es so ihre Art ist. Sie kannten die Kunst jenseits der Alpen. Man darf nicht vergessen, daß sie viel unterwegs waren. Die Großen, die die Befehle gaben, machten Reisen und durch diese Reisen entwickelte sich bei denen, die begabt waren, eine Art von sehr liberalem und aufgeklärtem künstlerischen Eklektizismus. Auch die Künstler reisten; und als Jean Fouquet aus Tours, ein typischer Künstler aus der Zeit Ludwigs XI., sich zum Arbeiten zunächst in Paris und dann in Tours niederließ, war er zwischen den Jahren 1443 und 1447 schon in Italien gewesen und hatte in Rom jenes Porträt des Papstes Eugen IV. gemalt, von dem Vasari noch im 16. Jahrhundert sprechen sollte. Und da sie auch die Kunst des Nordens kannten, hüteten sie sich wohl, sie zu übernehmen, ohne sie abzumildern, ohne sie zu nuancieren und durch ihre eigenen Eigenschaften – verschmitzte Gutmütigkeit und geschickte Mäßigung – zu verändern. Es trifft jedoch für sie wie für die Flamen zu, daß das religiöse Gefühl sich nicht in großem Aufwand, in Bewegung, Licht oder großartiger Zurschaustellung ausdrückte, sondern in Stille und Andacht.

Für sie war die Geburt Christi – ebenso wie für die Meister oder die Bürger des Nordens – nicht im prächtigen Zimmer eines florentinischen Palastes vorstellbar. Der ›Besuch bei der Wöchnerin‹ konnte kein Besuch edler Patrizierdamen sein, die, in Brokat und golddurchwirkte Seide gekleidet, mildtätig sein wollen und dabei doch auf ihren Rang achten und vornehm vor den Augen des bewundernden Volkes, das sie betrachtet, dahinschreiten. Als Ghirlandaio 1485 in Florenz, zehn Jahre nach der Vollendung des großen Triptychon von Hugo van der Goes, für die Sassetti-Kapelle in Santa Trinità die berühmte ›Anbetung der Hirten‹ malte,

Hugo van der Goes, 1440-1482, *Anbetung der Hirten*,
Mittelteil des Portinari-Altars, 1476-1478, Holz, Uffizien, Florenz

zeigte der gewollte Realismus der Darstellung der gerunzelten Ge-
sichter der drei Bauern mit ihren unrasierten Wangen, daß die
lebendige und lebensechte Hirtengruppe des Portinari-Retabels in
Florenz nicht unbemerkt geblieben war. Aber in diesem reizvollen
und schön aufgebauten Bild, in dem der Maler es verstanden hat,
mit viel Geschicklichkeit die drei Episoden der Verkündigung, der
Anbetung der Hirten und des Reiterzugs der Heiligen Drei Könige
miteinander zu verbinden, erinnert nichts, absolut nichts an das,
was die Einzigartigkeit, den Wert und den Reiz des Werks van der
Goes ausmacht. Da ist die hübsche Jungfrau, vor ihrem Sohn
kniend, mit eleganter Toilette und eleganten Manieren, mit schönen, glatten Patrizierhänden, die sie uns bewundern läßt, indem sie
sie sanft aneinanderlegt; dann die drei Hirten, die in der Ecke des
Bildes so gefällig ihre Pose einnehmen, wobei einer von ihnen die
passende rituelle Geste ausführt, eine theatralische Geste, mit der,
eine Hand auf dem Herzen und die andere ausgestreckt, eine ge-

treulich nachgespielte Empfindung ausgedrückt wird; und das Jesuskind selbst, das so ganz anders ist als das rührende und elende Neugeborene des flämischen Meisters – ein so wohlgenährtes, rosiges Kind, wie man es sich nur wünschen kann, schon prall und fröhlich wie ein Kind von zehn Monaten. All diese liebenswerten Personen eines Dramas, bei dem jedes Gefühl wahrer Frömmigkeit schon allein durch den Anblick ihrer Haltung verbannt und vollständig ausgeschlossen ist, eine Art von Empfindung, die wir vorhin mit dem Wort Andacht beschrieben haben, ein Wort aus dem Norden, das so wenig zu Italien paßt...

Ein Detail im Werk des florentiner Meisters ist bezeichnend: der heilige Joseph kniet zwar auch neben den beiden taditionellen Tieren, aber er beteiligt sich nicht an der Anbetung. Er betrachtet nicht das Jesuskind, wie die Jungfrau und die Hirten; er hat sein schönes, nichtssagendes Gesicht, das an einen Vater mit Patrizierrang erinnert, der Landschaft im Hintergrund zugewandt und scheint mit Blick und Geste die Heiligen Drei Könige herbeizurufen, die tatsächlich in aller Pracht auf ihren kräftigen Pferden, gefolgt von einer bunten und glänzenden Karawane näherkommen. Sie sollen nur schnell kommen, und mit ihnen endlich Bewegung und Farbe, ein pittoreskes Element und spektakulärer Glanz in diese Anbetungsszene, in der man nur friedlich und bewegungslos niederkniet, denkbar für einen Augenblick – lange genug, um eine Skizze zu entwerfen – für die lebhaften Italiener auf die Dauer aber unerträglich.

Wenn die Kunst des Quattrocento auch nicht die Gabe der tiefen, aufrichtigen und andächtigen Empfindsamkeit besitzt, hier sind die Künstler aus dem Norden überlegen, so hat sie doch einen unbestreitbaren Sinn für das Theatralische oder besser gesagt, für das Pathetische. Für Innigkeit ist diese Kunst nicht sehr empfänglich. Aber sie kann die großen tragischen Szenen der beiden Traditionen der Antike, der sakralen wie der profanen, darstellen und sichtbar machen – und sie mit einer ganz eigenen, bewegenden Intensität wieder zum Leben erwecken. Man kennt die dramatische Gewalt der Fresken von Giotto in der Arena-Kapelle von Padua oder in der Doppelkirche von Assisi. Aber auch die Wahl der Themen, oder genauer gesagt, der Situationen, bei den italienischen Künstlern ist eine nähere Betrachtung wert.

In einem sehr klugen und anregenden Buch – einer Sammlung vergleichender Studien über die Kunst nördlich und südlich der Alpen während der Renaissance[3] – hat Jacques Mesnil sehr richtig darauf hingewiesen, daß die Flamen und die Italiener, wenn sie ein so geläufiges Thema wie das Abendmahl zu behandeln hatten, ganz unterschiedlich vorgingen. Das Abendmahl, sagt er, über das die Evangelien berichten, enthält zwei Momente: zum einen die Situation, in der Christus den Aposteln die Kommunion reicht, und zum anderen den Augenblick, in dem er das unerwartete und schreckliche Wort ausspricht: »Wahrlich, ich sage euch, einer von euch wird mich verraten«, das im Johannesevangelium (XIII, 21) überliefert ist. Merkwürdigerweise kann man feststellen, daß die Flamen, ganz natürlich und mit einer richtigen Intuition für die besondere Qualität ihrer Begabung, versucht haben, das innere Drama der Kommunion darzustellen. Und wie meisterhaft sie dieses Problem gelöst haben, zeigt neben vielen anderen Bildern das Abendmahl von Dietrich Bouts in der Peterskirche von Loewen ... Aber ebenso natürlich und mit derselben instinktiven Sicherheit haben die italienischen Meister sich darum bemüht, die Szene mit ihrer ganzen pathetischen Kraft vor Augen zu führen, die sich nach der Voraussage Christi zwischen den Aposteln abspielte, eine Szene voller Qual und Bestürzung, Aufruhr und unwilligem Protest. Und daß auch sie es darin zur Meisterschaft gebracht haben, beweist noch heute die Bewunderung, die uns alle auf einer frommen und begeisterten Pilgerfahrt zur Mauer des Refektoriums von Santa Maria delle Grazie in Mailand führt, auf der die letzten Spuren des *Abendmahls* von Leonardo verblassen.

Und sicher vereinfacht Jacques Mesnil die Dinge ein wenig. Denn in Wirklichkeit gibt es nicht zwei, sondern drei verschiedene Arten, das Abendmahl zu konzipieren und darzustellen; und alle drei sind durch unzählige Werke mehr als ausreichend illustriert worden. Die einen zeigen uns Christus, wie er das Brot bricht: das ist die Einsetzung der Eucharistie; die anderen zeigen Christus, der den Jüngern die Kommunion reicht; die letzten schließlich versuchen die dramatische Szene der Voraussage darzustellen: »Einer von euch wird mich verraten...« Ich nenne sie die letzten, und tatsächlich scheint Ghirlandaio mit seinem Fresko im Refektorium von Ognissanti in Florenz der erste gewesen zu sein, der zu einem ziemlich späten Zeitpunkt (1480) in der italienischen Kunst, nur fünfzehn Jahre vor Leonardo, versucht hat, den tragischen Moment darzustellen, der für uns noch heute in Mailand lebendig ist. Und zu Beginn des 15. Jahrhunderts zeigte Andrea del Castagno auf einem berühmten Fresko die Einsetzung der Eucharistie und fand damit viele Nachfolger bei den Künstlern des Quattrocento – während Fra Angelico im Kloster von San Marco die Jünger malte, denen das Abendmahl gereicht wird; noch 1512 illustrierte Luca Signorelli im Dom von Cortona dasselbe Thema; dazu ließ er sich von einem berühmten Werk von Justus von Gent inspirieren, das der flämische Meister etwa 1475 in Urbino gemalt hatte, und zwar im Auftrag der Bruderschaft des *Corpus Domini,* die dabei von Graf Friedrich von Montefeltro unterstützt wurde.

Die Wirklichkeit war also vielfältiger und reicher an Details als es Jacques Mesnil erscheint. Dennoch hat er recht, wenn er der innigen und rührenden Darstellungsweise der Maler aus dem Norden das eher dramatische Genie der italienischen Meister gegenüberstellt. Die Kunstinteressierten des 16. Jahrhunderts selbst hüteten sich, den Kontrast zu leugnen. Man braucht beispielsweise nur die *Vier Gespräche über die Malerei* aufzuschlagen, die um 1538 in Rom stattfanden, 1548 von Francisco da Hollanda gesammelt (oder verfaßt) und von Joaquim de Vasconcellos[4] herausgegeben wurden, in denen der Autor Michelangelo über die Kunst sprechen läßt. »Die flämische Malerei«, läßt der Autor den großen florentinischen Bildhauer sagen, »wird im allgemeinen wirklich jedem Frommen mehr zusagen, als irgend ein Bild der italienischen Schule. Die italienische Malerei wird ihm keine Thräne entlocken, die flämische hingegen viele, doch nicht so sehr infolge ihrer Trefflichkeit und Güte, als wegen der Trefflichkeit und Güte jenes Frommen selbst.«

Man sollte auch folgendes bedenken: die italienischen Künstler hatten zweifellos eine zu lockere Haltung, kümmerten sich zu wenig um peinlich genaue Darstellungen und nahmen zu wenig Rücksicht auf die flämische Sorgfältigkeit, um den Kunstliebhabern im Norden zu gefallen. Man sollte dabei nicht vergessen, daß jeder Bürger in der Malerei spontan eine Kunst der Nachahmung sieht. Die italienischen Meister des 15. Jahrhunderts zeichneten sich aber keineswegs durch die Wiedergabe von Stoffen, Faltenwurf oder Waffen aus, und erst recht nicht durch die geschickte Imitation realer Gegenstände bis hin zum Trompe-l'oeil. Ihre Kunst war keine Porträtkunst im bürgerlichen Sinn des Wortes. Die Italiener selbst waren sich darüber durchaus im klaren, mehr noch: wenn sie sich lebensecht porträtieren lassen wollten, wandten sie sich an die Flamen. Man braucht nur an die Fülle von flämischen Porträts zu denken, die den Meistern aus dem Norden zu verdanken sind und noch heute einen wichtigen Bestandteil unserer großen Sammlungen bilden. Allein im Werk von Jan van Eyck kann man die Arnolfini aus London, die Giustiniani aus Dresden, die Albergati aus Wien und viele andere nennen. Später, sehr viel später, etwa 1475-76, als Masaccio, Paolo Uccello, Andrea del Castagno, Domino Veneziano und Fra Filippo Lippi schon gestorben waren, als Andrea del Verocchio, Pollaiouli, Baldovinetti und Mantegna schon auf der Höhe ihrer Schaffenskraft waren, als Botticelli und Ghirlandaio ihren ersten Ruhm ernteten: als der Herzog von Urbino, Friedrich von Montefeltro, ein Kunstliebhaber ersten Ranges und einer der besten Kenner seiner Zeit, sich eine Reihe von Porträts malen lassen wollte, ließ er dazu einen Flamen, Justus von Gent, aus dem Norden kommen. Der Geschmack der großen Kunstliebhaber stimmte ganz vorbehaltlos mit dem der Bürger überein. Für sie waren die Flamen unübertroffene Virtuosen der Nachahmung. Man konnte ihre Bilder ohne weiteres mit der Lupe betrachten. Noch heute gefallen sie den naiven Menschenmassen, die sich in der Sint-Baaf-Kathedrale in Gent beim ›Lamm Gottes‹ das Vergnügen machen, mit Hilfe eines Vergrößerungsglases die Haare der Gerichtsherren oder die einzelnen Augenbrauenhärchen der Patriarchen zu zählen... Man kann sich sehr gut vorstellen, wie die Auftraggeber die exquisiten kleinen Bilder, die zum Beispiel in Brügge in einem versteckten und ruhigen Raum des Hôpital Saint-Jean zu bewundern sind, in einer Fensternische im besten Tageslicht begeistert in den Händen hielten; und welche überraschten Ausrufe mag es gegeben haben, wenn die glücklichen Besitzer mit Hilfe eines Vergrößerungsglases ein unbemerktes kleines Detail entdeckten – ein vollendet nachgeahmter Gewebefaden, das Glitzern eines Schmuckstücks, das reflektierte Bild eines Glasfensters...

Als das Bürgertum aus seiner gesellschaftlichen Randposition heraustrat und seine Herrschaft bestätigt sah, neigte der Geschmack der Menschen im Norden, in Flandern, Deutschland und auch in Frankreich sich eher zu den flämischen als zu den italienischen Bildern. Der Grund dafür ist natürlich kein Geheimnis, oder vielmehr ein Geheimnis, das man ohne große Mühe ergründen kann.

Aber warum hat es denn zu Beginn des 16. Jahrhunderts diese plötzliche und ungeheure Veränderung gegeben, die weiter oben beschrieben wurde? Die italienische Kunst war durch die siegreiche Ausbreitung der flämischen Kunst während des gesamten 15. Jahrhunderts auf das italienische Gebiet beschränkt. Wie konnte sie so unversehens die Schranke überwinden, sich außerhalb verbreiten und sich, vor allem in Deutschland und den Niederlanden so rasch durchsetzen? Warum diese gewaltige und vollständige Umkehrung?

Ich sehe dafür im Wesentlichen einen Grund. Am Ende des 15. und zu Beginn des 16. Jahrhunderts wurden die Menschen gelehrt.

Die Menschen wurden gelehrt. Erinnern wir uns: sie gingen bei der Antike in die Schule. Sie lernten dort Tausende von schönen Dingen, von denen sie kaum etwas wußten. Und sie erfuhren, daß der Maler, der Künstler, der mit Sattlern und Buchbindern in einer Zunft vereinigt war, – dieser Handarbeiter, dieser ›Mechaniker‹ – in Wirklichkeit ganz etwas anderes war als ein obskurer und nützlicher Handwerker. Wenn er Talent hatte, wenn er fähig war, mit seinem Pinsel das Leben wiederzugeben und die Vergangenheit aufzuerwecken, indem er sie mit den lebendigen Farben der Gegenwart schmückte, dann gehörte er zu den Großen dieser Welt, dann konnte er sich in seinem Rang, nach Meinung der Gelehrten und Künstler, mit Fürsten und Königen messen. War Tizian es nicht wert, daß Karl V. ihm den heruntergefallenen Pinsel aufhob? Aber schon vorher hatte Dürer, als er das glanzvolle Venedig verließ, um zu den bürgerlichen Deutschen zurückzukehren, voller Trauer bemerkt: »In Venedig bin ich ein Edelmann. In Nürnberg bin ich nur ein armer Teufel.«

Die Menschen wurden gelehrt. Die Menschen gingen bei den Griechen und Römern in die Schule. Die Menschen – vor allem in Italien, dort viel früher als im übrigen Europa – lernten in dieser Schule nicht nur, daß die Kunst eine Würde besitzt, sie erfuhren überhaupt erst, was die Kunst, was das Schöne ist. Sie lernten es bei Platon, bevor sie es in Rom, in den Weinbergen der Kardinäle beim Anblick der antiken Statuen lernten, die nach und nach wieder ans Tageslicht kamen. Sie lernten es bei Vitruv, der von ihnen gelesen, übersetzt und kommentiert wurde, noch bevor sie die großen antiken Ruinen ausgruben und bewunderten, die im römischen, italienischen und gallischen Boden verborgen waren. Man sollte auch an die typische Vorliebe eines Rabelais für Architektur denken – ob es sich um zeitgenössische Schlösser aus der Touraine oder dem Poitou handelte, die ihn zur Beschreibung der Abtei von Thelema inspirierten, einer getreuen Wiedergabe des Schlosses von Bonnivet – oder um römische Ruinen, von denen er nach seiner Reise nach Rom im Jahre 1534 ein vollständiges Verzeichnis anlegen wollte.[5] Durch die Wissenschaft, durch die Bildung, durch die aufmerksame Lektüre von Vitruvius[6] oder Alberti, der sich durch ihn anregen ließ, durch seinen Umgang mit dem gelehrten Philandrier[7], dem Kommentator des antiken Meisters, oder mit dem klugen Philibert de l'Orme[8], kam dieser große Geist, der offenbar wenig Sinn für die Würde der Kunst hatte, schließlich doch, wie seine Epoche insgesamt, dazu, sich aktiv für die Arbeit zu interessieren, die vor seiner Zeit ›Maurerarbeit‹ war und gerade zu seiner Zeit zur Architektur wurde.[9]

Aber ebenso wie in die Schule der Antike begab sich das 16. Jahrhundert in die Schule der Natur und der Beobachtung. Denn die Kunst in Italien tendierte am Ende des 15. Jahrhunderts dazu, zur Wissenschaft zu werden – oder genauer gesagt, sich auf eine exakte Wissenschaft der Aufteilung des Raumes und der lebendigen Formen zu stützen. Diese allgemeine Bewegung fand ihren Höhepunkt im großartigen und genialen Werk Leonardo da Vincis, der nicht nur ein origineller Erfinder, sondern auch ein großer Maler war. Aber das gesamte Quattrocentro während und vor seiner Zeit hat mit bemerkenswerter Leidenschaft zwei Dinge zu erreichen versucht: eine wissenschaftliche und genaue Theorie der Perspektive und die vollkommene anatomische Kenntnis des menschlichen Körpers.[10] Diese Bewegung war spezifisch italienisch und hatte weder in Frankreich, noch in Flandern oder Deutschland ihresgleichen. Am Ende des 15. und zu Beginn des 16. Jahrhunderts waren die italienischen Künstler denjenigen aus dem Norden in der allgemeinen Komposition ihrer großen dekorativen Werke, in ihrem anatomischen Wissen und ihren zugleich kühnen und sicheren perspektivischen Effekten überlegen – man denke beispielsweise an den toten Christus von Mantegna mit seiner wirkungsvollen und pathetischen Verkürzung. Diese Überlegenheit war so eindeutig, so stark, so unbestreitbar, daß niemand sie mehr in Frage stellen oder ihren Reizen gegenüber unempfindlich bleiben konnte; zumindest keiner von jenen, für die die Wissenschaft in der Kunst zu einem wirklichen Bedürfnis geworden war; keiner von jenen, denen die Augen für die Antike geöffnet worden waren. Denn man begreift nun, weshalb die italienische Kunst am Anfang, während der ganzen ersten Hälfte des Quattrocento keinen Einfluß auf die Kunst im Norden ausgeübt hat, warum sie nicht außerhalb der Grenzen Italiens erstrahlte. Die Zeit war noch nicht reif dafür. Einerseits war sie selbst noch nicht Meisterin ihrer wunderbaren Techniken; sie war noch auf der Suche; sie eroberte noch Schritt für Schritt, langsam und mühselig, die schwierige Wissenschaft der Perspektive, die genaue Kenntnis der Anatomie. Und nach ihren ersten geglückten Versuchen, nach ihren ersten Erfolgen, waren die Menschen jenseits der Berge noch nicht fähig, sich wirklich dafür zu interessieren. Ihre Vorliebe für die Kunst der Maler aus dem Norden blieb ungeteilt und wurde durch nichts gestört. Es brauchte Zeit, viel Zeit; und ein doppelter

Schule von Fontainbleau, *Diana als Jägerin*,
Öl auf Holz, um 1550, Paris, Louvre

Fortschritt war erforderlich – auf dem Gebiet der künstlerischen
Technik in Italien und auf dem Gebiet der intellektuellen Kultur
der Länder im Norden – bis dann plötzlich die Überlegenheit der
italienischen Kunst über die traditionelle Kunst ihrer Lieblingsma-
ler bestechend deutlich wurde – indiskutabel wie ein Dogma.

Was die Einschätzung der folgenden Entwicklung betrifft, kann man kaum übertreiben. Die italienische Kunst hat mehr unterworfen, beherrscht und schließlich verdrängt als nur die flämische und deutsche Kunst vom Anfang des 14. Jahrhunderts, die die Franzosen im 15. Jahrhundert liebten. Was hat Frankreich aus Italien übernommen? Genau das, was es vor dem 16. Jahrhundert nicht kannte, wovon es noch nicht einmal eine Vorstellung hatte: die große Malerei, die mythologische Malerei; die großen heidnischen Aktbilder der Galerie von Fontainebleau.[11] Diese Übernahme war ganz natürlich, denn von welchem Maler in Frankreich, in den Niederlanden oder in Deutschland hätte Franz I. die Werke verlangen sollen, die er von den italienischen Künstlern erwartete, als er im Jahr 1531 Gian Battisto Rosso und 1532 Francesco Primaticcio an die Loire kommen ließ?

Hat Frankreich aber auch die Architektur der Loire-Schlösser von Italien übernommen – ich meine jene Schlösser, bei denen man die Hand von italienischen Baumeistern oder Architekten ohne weiteres erkennen zu können glaubt? Nein. Frankreich hat etwas Zusammengesetztes und Ursprüngliches zugleich hervorgebracht, eine gelungene Mischung aus den alten französischen Traditionen, die überdauert hatten, und den wunderbaren Neuerungen von jenseits der Alpen, die bei allen französischen Residenzen aus den Jahren vor 1535 oder 1540 auffallen. Die französischen Baumeister dieser Zeit haben nichts kopiert. Sie haben die transalpinen Vorbilder durchaus nicht unterwürfig nachgeahmt. Sie haben kombiniert, übernommen, umgesetzt. Sie haben das Gute geschickt dort aufgegriffen, wo sie es gefunden haben...

Ebenso könnte man fragen, ob Frankreich seine tief verwurzelte Vorliebe für die Künstler des Nordens verleugnet hat. Auch das nicht. Es ist bekannt, wie bedeutend das Porträt für die Geschichte der französischen Kunst des 16. Jahrhunderts war. Es ist auch bekannt, wieviele ›Clouets‹, wie sie traditionellerweise genannt werden, es in unseren Museen und sogar in unseren Privatsammlungen gibt. Wer aber war Jean Clouet, der im Jahr 1516 zum ersten Mal in den Rechnungsbüchern des französischen Königs erscheint? Ein Flame.[12] Und wer war sein Rivale Cornelius von Lyon, den man

Jean Clouet, *Bildnis Franz I.*,
Öl auf Holz, um 1535, Paris, Louvre

auch Cornelius von den Haag nennen könnte? Auch ein Flame.
Die gesamte französische Porträtkunst des 16. Jahrhunderts, ty-
pisch und anschaulich, ist eine flämische Kunst, von Flamen auf
flämische Art geschaffen. Und als der italienische Stil unter Karl
IX. und Heinrich III. allmählich auf die französische Porträtkunst
einzuwirken begann, waren es merkwürdigerweise nicht Italiener,
sondern italienisierte Flamen, die ihm Zutritt verschafften. In seiner *Histoire de la Peinture de Portrait en France au XVIe siècle*
erwähnt Dimier dies übrigens ohne Erstaunen.

Anders gesagt, die Italienbegeisterung allein, wie leidenschaft-
lich auch immer, konnte den Charakter der französischen Kunst
zu Beginn der Renaissance nicht grundlegend ändern. Diese Begeisterung aber, und die Bewegung, die man als Invasion der italienischen Kunst bezeichnet hat, war erst möglich, als die Revolution
der schönen Künste begonnen hatte, die Denkweisen zu verändern, als sie sie befähigt hatte, die italienische Kunst oder vielmehr

einen italienischen Beitrag zur Kunst in der Zeit Ludwigs IX. und Karls VIII. zu schätzen. Man muß aber auch bedenken, daß die Bewegung damit beendet gewesen wäre, wenn die intellektuelle Renaissance, die ihre Ziele weiterverfolgte, nicht entscheidend auf die religiösen Vorstellungen der Menschen des 16. Jahrhunderts eingewirkt hätten. Reformation und Gegenreformation, das waren die mächtigen Strömungen, die zwischen 1540 und 1560 plötzlich die alten künstlerischen und ikonographischen Traditionen der französischen Kunst des 16. Jahrhunderts umgewälzt haben. Dies – und nicht die italienischen Kriege, nicht das Vordringen italienischer Künstler nach Frankreich – dies waren, zusammen mit der Renaissance des antiken Wissens, die wirklichen Ursachen für eine der größten Umwandlungen, die im Bereich der Kunst in Frankreich jemals stattgefunden haben.

Und deshalb taucht bei der Zusammenfassung dieser flüchtigen Skizzen ein Wort immer wieder auf. Übereinstimmung. Konvergenz. Gleichzeitigkeit und Verbundenheit der großen vorherrschenden Strömungen, die ein Jahrhundert durchziehen, das scheinbar so verworren, gewalttätig, zerrissen und zerstritten war. Eine Synthese, wenn man so will. Aber ich würde diesem gelehrten Begriff ein einfaches Wort vorziehen. Das Leben. Das Leben ist der einzige Gegenstand der Geschichtsschreibung. Auch das menschliche Leben ist nichts als Konvergenz, Übereinstimmung, Verbindung, Synthese; aber auch Mobilität, ständiger Austausch von Kräften, die aneinanderstoßen, sich angreifen und aus deren Zusammenstoß manchmal seltsame Flammen auflodern. Um dies zu empfinden, um dies wirklich zu verstehen, darf man nicht unbeweglich und nachdenklich zu Hause sitzen bleiben, ohne einen weiten Horizont und weitläufiges Denken – wie etwa ein flämischer Weber, der im Winter hinter Doppelfenstern an seinem Ofen hockt. Man muß sich auf die großen Straßen der Welt begeben, lange an den großen Wegkreuzungen haltmachen und alle widersprüchlichen Strömungen aufnehmen. Um die französische Kunst der Renaissance richtig zu verstehen, sollte man sich von den peniblen und konzentrierten Flamen den dramatischen, gelehrten und pittoresken Italienern zuwenden.

DAS STREBEN
NACH DEM GÖTTLICHEN

*F*rüher verstand man sich noch darauf, die Jugend mit schönen Geschichten zu unterhalten, die nie mehr vergessen wurden. Die Geschichte war eine liebenswerte Reihe von Geschichten, die sich in unseren Köpfen festsetzten und die beim Aufruf unserer alten Erinnerungen noch heute mit ›Hier!‹ antworten. Wenn wir beispielsweise ›die Reformation‹ sagen, dann wird sie sofort lebendig und erscheint vor unseren Augen als die Geschichte von Bruder Martin Luther, dem guten Mönch, der, von seinem Kloster auf eine Reise nach Rom geschickt, dort solche Scheußlichkeiten und Greuel sah, daß er zutiefst betroffen zurückkehrte und den Entschluß faßte, mit der Kirche zu brechen.

Heute sind wir anspruchsvoller geworden als damals. Und ich kann mir vorstellen, daß man bei uns im Unterricht darauf bedacht ist, schon den zwölfjährigen Schulkindern zu erklären, daß Martin Luther zwar gewiß in Rom war, sich dort aber als tadelloser Pilger aufgeführt hat[1] und von Kirche zu Kirche eilte, um so viele Ablässe wie möglich zusammenzubekommen. Der beste aller Mönche, voller Ehrfurcht und sogar Bewunderung für den Papst und die Kardinäle, pries überdies noch lange Zeit danach, als er schon seit Monaten zurück in Deutschland war, aufs höchste deren Wissen und Verdienste.

Bloß, daß diese kleine Geschichte eine abstrakte These anschaulich illustrierte, nämlich die, daß die Reformation durch Mißstände in der Kirche ausgelöst wurde. Wenn wir die Bücher, die Lehrbücher aufschlagen, die erst jüngst erschienen sind und die zum Nutzen des aufgeklärten Publikums über die ganze Geschichte der großen religiösen Revolution berichten, dann finden wir darin auch nichts anderes. Die Reformation, so heißt es dort, ist unmittelbar aus dem fortgeschrittenen Verfall der Kirche hervorgegangen. Der Klerus befand sich am Ende des 15. und zu Beginn des

16. Jahrhunderts in einem erbärmlichen Zustand. Seine religiöse Ausbildung war gleich Null. Seine Frömmigkeit war nur äußerlich und formal. Seine Moral war gering. Die Reformation war ein gewaltsamer Versuch, diese beklagenswerte Situation zu verbessern.

Nein, und abermals nein. Ich kann hier nicht detailliert aufzeigen, warum diese These falsch und ausgesprochen absurd ist. Ich kann hier nicht die psychologischen Biographien der Hauptakteure der Reformation nacheinander durchgehen, so wie es eigentlich nötig wäre, um zu zeigen, wie wenig sich die Entwicklung ihrer grundsätzlichen Überlegungen aus ›Mißständen‹ erklären läßt. Aber ich kann zumindest eine Frage stellen. Wie könnten Mißstände an sich, Mißstände als solche, etwas anderes hervorbringen als wiederum Mißstände? Sie könnten eine Reaktion verursachen. Aber nicht notwendigerweise. Es hat jahrhundertelang Mißstände gegeben, die durchaus nicht zu einer Reaktion geführt haben. Ein Mißstand an sich provoziert keinerlei Reaktion. Er provoziert sie nur unter der Voraussetzung, daß er als solcher erkannt, daß er unerträglich für jene wird, die ihn durchschauen. Eine psychologische Voraussetzung. Hinter der Psychologie aber steht das Gesellschaftliche – und ich bin gezwungen, noch einmal zu wiederholen, was ich schon so oft gesagt habe: »Wir müssen in der Gesellschaftsordnung suchen, und wir werden finden. Wenn wir die Gesellschaft der Epoche untersuchen, werden wir verstehen.«

Man muß sich diese Klasse ansehen, die aufsteigt, prosperiert, wächst und Profit macht, all diese Bürger, die sich zur Spitze des Staates empordrängen; man muß sie sich ansehen und ihnen zuhören, denn sie sind die Verantwortlichen. Die Reformation ist nicht von einem Tag auf den anderen entstanden – sie ist nicht voller Leben und Leidenschaft aus dem Inneren eines einzigen Mannes entsprungen, mag er noch so groß und bedeutend gewesen sein. Zweihundert Jahre vorher wäre die Stimme Luthers wie ein Wasserstrahl aufgestiegen, der am Ausgangspunkt stark und kräftig ist, dann aber nach und nach seine Kraft verliert, seinen Schwung einbüßt und plötzlich in einzelne Tropfen zerfällt. Im Jahr 1517 oder 1520 konnte seine Stimme die Welt erfüllen, weil tausende von menschlichen Stimmen, die nur auf ein Signal gewartet hatten, sich wie ein gewaltiges Echo mit ihr vereint und sie mitgetragen haben. Sie haben diese Stimme so klangvoll, stark und mächtig gemacht, daß sie schließlich, wie die Trompete in der Bibel, die Mauern von Jericho zum Einsturz gebracht hat.

Bei Michelet heißt es (und warum sollte man es in schlechterer Form noch einmal sagen): »Die große Ausstrahlung Luthers, seine starke Persönlichkeit und der Erfolg seines Widerstandes hat sich in ganz Europa verbreitet und zu einer Ermutigung der Reformation beigetragen. Entstanden war sie allerdings überall von selbst...«[2] Von selbst, ja; aber genauer: sie war aus dem Jahrhundert entstanden. Sie war das Kind einer bestimmten Gesellschaft. Im Grunde war sie – in einem bürgerlichen Jahrhundert, auf eine bürgerliche Art und Weise – ein bürgerliches Gefühl für die Religion.

Das sollten wir genauer betrachten und analysieren.

Wir befinden uns im Jahr 1470 oder auch 1490, an der Schwelle eines neuen Jahrhunderts. Was bedeutete die Religion in einem Land wie Frankreich für die Franzosen dieser Zeit? Zunächst aber, kann man überhaupt von *der* Religion sprechen? Eigentlich nicht. Von außen gesehen gab es im Frankreich dieser Zeit gewiß nur eine Religion, nämlich die christliche. Aber von innen gesehen, wenn man sich in das Herz der Menschen hineinversetzt?

Für die große Mehrheit der Franzosen dieser Zeit war die Religion ein umfassendes Geflecht von Bräuchen, Praktiken, Vorschriften und Zeremonien, die ihre gesamte Existenz bestimmten. Ich spreche nicht von Unterweisungen, denn wer hätte oder hat in Wirklichkeit die einfachen Gläubigen in ihrer Religion unterwiesen? Wir müssen die gegenwärtige Realität vollständig aus unserem Denken verbannen. Zur heutigen Realität gehört ein Priester, der die Kinder ihre Religion schon sehr früh lehrt, der ihnen systematisch und methodisch den Katechismus eintrichtert. Aber damals? Man weiß, wie es um den weltlichen Klerus stand. Unter einer halb-aristokratischen Schicht von Pfründeninhabern gab es ein elendes Proletariat von Vikaren[8], arme, ungehobelte Bauern, die nur zur Schule gegangen waren, um die Schläge ihres Dorfvikars einzustecken, die schlecht und recht gelernt hatten, eine Messe zu halten und die Gebete des Rituals zu lesen oder zu rezitieren. Was hätte dieser arme, unwissende Mann lehren können? Damals gab es noch keine Priesterseminare...

Das Amt der Lehre hatten ausschließlich die Mönche inne. Sie versahen es in den Städten recht gut, wo ausgewählte und bezahlte Fasten- und Adventsprediger in einer Reihe von Ansprachen das Volk gründlich bearbeiteten. Aber auf dem Lande, in den kleinen Marktflecken? Von Zeit zu Zeit kam einmal ein Mönch vorbei. Vom Pfarrer festgehalten, hielt er eine Predigt und machte sich dann wieder auf den Weg. Eine unzusammenhängende, sporadische und kümmerliche Belehrung. Von einem Besuch bis zum nächsten war alles wieder vergessen. Was blieb, war ein Gerüst von Praktiken und Riten.

Religion bedeutete, an der Messe teilzunehmen. Möglichst jeden Tag. Beim Betreten und Verlassen der Kirche gewissenhaft einen Blick auf die große Figur des heiligen Christopherus zu werfen, der am Kirchenportal die Gläubigen vor einem plötzlichen Tod schützte. Es bedeutete, in der Kirche stehend das Paternoster herzusagen, den Rosenkranz zu beten, während der Priester am Altar die Messe las. Es bedeutete, während der Fastenzeit und der Quatember strikt zu fasten, die fleischlosen Tage einzuhalten und sonntags und an den Feiertagen die Arbeit niederzulegen; täglich seine Gebete zu sprechen; zwei- oder dreimal in seinem Leben eine kleinere oder größere Pilgerreise zu machen, wobei es das beste war, sich durch nichts abschrecken zu lassen, um ins Heilige Land zu gelangen und dort die Heiligen Stätten aufzusuchen, auch wenn man Piraten, Türken und Stürmen trotzen mußte. Wenn man zurückgekehrt war, wiederholte man seine Pilgerfahrt noch einmal im Kleinen, mit Hilfe des Kreuzweges – eine Andachtsform, die sich gerade zu dieser Zeit herausbildete. Das war für die große Masse die Religion.

Eigentlich möchte ich nicht gern sagen: mehr war es nicht. Wenn nämlich Praktiken, Gewohnheiten und Regeln im Leben der

Menschen einen so großen Raum einnehmen, wenn alle Handlungen in diesem Leben, selbst solche, die heute nichts mit der Religion zu tun zu haben scheinen wie die Abfassung eines Testaments oder das Ablegen einer akademischen Prüfung, wenn all diese Handlungen, von der Geburt des Menschen bis zu seinem Tod, unter der permanenten Kontrolle der Religion stehen und sozusagen im Zeichen des Kreuzes vollzogen werden, wenn die Religion bis ins Detail alles bestimmt, was mit der Arbeit, der Ruhe und der Lebensweise der Menschen zu tun hat, genauso wie die Glocken der Kirchen und Klöster, die zu Gebeten und Gottesdiensten rufen und anstelle von Uhren ihr Alltagsleben einteilen, wenn schließlich die Kirche im Herzen der Gemeinde bei Festen und in Zeiten der Freude oder Gefahr als Sammelpunkt für alle Gläubigen erscheint – wenn die menschliche Gemeinschaft hier an jedem Sonn- und Feiertag vollzählig und hierarchisch geordnet zusammenkommt: die Kirchenleute im Chor, der örtliche Gutsherr mit seinen Hunden, seiner Frau und seinen Herren Söhnen in der herrschaftlichen Bank ganz vorn im Kirchenschiff, gleich dahinter die Schöffen in ihrer ländlichen Würde und schließlich das Durcheinander der kleinen Leute, der Diener, Mägde, Kinder, nicht zu vergessen der Tiere, die sich im Kirchenschiff genauso zuhause fühlen wie alle übrigen Bewohner des Dorfes – wenn eine Kirche, eine Religion, die Gesellschaft so sehr und in den unterschiedlichsten Bereichen beherrscht, dann ist es fast ein Witz, herablassend zu sagen: »Das waren nur Praktiken!« Wir sollten ohne weiteres sagen: »Das ganze Leben war ein Netz von Praktiken.« Und wir sollten noch mehr tun.

Es gibt da ein kleines Buch[4], das Tagebuch eines einfachen Bürgers aus der Franche-Comté: ein Dokument wie tausend andere, über die wir verfügen.

Dieser Bürger hieß Jacques Cordelier. Er lebte in Clairvaux im Jura. Er war natürlich kein Kirchenmann. Er war ein Laie und lebte ganz und gar weltlich, war verheiratet und Familienvater. Er verkaufte Leder. Er gehörte nicht zur Elite und war keine Ausnahmeerscheinung. Lesen wir:

Die Gebete, die Jacques Cordelier aus Clereval, Notar, täglich verrichtet, bevor er das Bett verläßt.

»Zuerst macht er das Zeichen des Kreuzes und spricht dabei: *In nomine Patris, et Filii, et Spiritus Sancti, amen* – danach sagt er: *Veni, Sancte Spiritus, reple tuorum corda fidelium et tui amoris in eis ignem accende* – mit dem Vers: *qui per diversitatem,* etc.

Dann betet er:
Das *Pater noster, ad longum;*
Das *Ave Maria,* idem;
Das *Credo in unum Deum,* idem *ad longum;*
Das *Benedicte,* idem;
Agimus tibi gratias, idem;
Das *Confiteor,* ad longum;
Das *Misereatur,* idem;
Das *Ave, salus mundi,* idem;
Corpus Domini Nostri, idem;
In manus tuas, Domine, commendo, idem;
Dominus pars hereditatis, idem;
Das *Salve Regina, ad longum;*
Das Evangelium des heiligen Johannes: *In principio erat;*
Das Evangelium des heiligen Lukas: *Missus est angelus;*
Das Evangelium des heiligen Matthäus: *Cum natus esset;*
Das Evangelium des heiligen Markus: *Recumbentibus;*
Den Psalm Davids: *Miserere mei, Deus, secundum;*
Das *De Profundis,* in ganzer Länge mit dem *Oremus Fidelium;*
Das *Stabat Mater, ad longum;*
Die Anbetung des Kreuzes: *O crux ave.*

Und wenn er das Bett verläßt, schlägt er vor seinem Gesicht das Zeichen des Kreuzes und spricht dabei: *In nomine Patris et Filii, et Spiritus Sancti, amen. In nomine Domini nostri Jesus Christus crucifixi, surgo. Ille me benedicat, regat, protegat, custodiat et ad vitam perducat aeternam, amen. Abrenuntio tibi, Satane, et conjungo tibi, Deus. Et Verbum caro factum est, et habitavit in nobis.*

Und danach: *Dignare, Domine, die isto sine peccato nos (ad longum)*. Und manchmal noch (aber nicht an jedem Tag) das *Pange, lingua, gloriosi;* die Hymne *Magister cum discipulis;* das *Ave maris stella;* die Vorrede zur Heiligen Dreifaltigkeit; die Klage des Jeremias, die mit den Worten beginnt: *»Recordare, Domine, quid accederit nobis«*.

Dies ist ein Dokument, das uns weit aus der Gegenwart weg-führt – und uns viel darüber sagt, was die Religion im 16. Jahrhun-dert für einen Menschen dieser Zeit wirklich bedeutet hat.

Ein durchschnittlicher, mittelmäßiger Mensch. Aber jedes Mittel-maß ist zwischen zwei Extremen angesiedelt – einem oberen und einem unteren Extrem? Etwa folgendermaßen:

Unten? Dort war die Masse der armen Teufel, bedürftig, rück-ständig und ungebildet, die sich abmühten und litten, die kaum anders als Tiere angesehen wurden und die im Zusammenleben mit den Tieren oft mehr Brüderlichkeit erfuhren als im Umgang mit Menschen. Unten waren die gemeinen Menschen, über die man sich lustig machte, die man bloßstellte und verspottete, deren Aus-sehen und Manieren recht plump und schwerfällig wirkten. Auch sie waren in der Kirche. In die Kirche ging jeder, und waren sie dort nicht ebenso zuhause wie die anderen? Fühlten sie sich dort nicht um so mehr zuhause, als sie, einmal in das Gotteshaus einge-treten, wieder von dem alten Geist christlicher Gleichheit ergriffen wurden, dem Geist der uralten bäuerlichen Marseillaisen: Als Adam grub und Eva spann, wo war denn da der Edelmann? – »Wir sind Menschen wie sie auch« – und vor Gott, wenn nicht vor der Welt, ist ein Mensch so genausoviel wert wie der andere.

Sie waren da, die armen Bauern, in ihren vom vielen Waschen ausgebleichten Kleidern. Sie waren da, noch erschöpft von der harten Arbeit des Vortages. Welche vagen Träumereien spielten sich in ihren klobigen Köpfen mit den groben Gesichtszügen ab, während die Messe stattfand und der Weihrauch zu Gott empor-stieg, während die Gesänge das Kirchenschiff erfüllten, plötzlich unterbrochen von tiefem Schweigen, wo man nur das Gemurmel lateinischer Silben aus dem Munde des Priesters vernahm.

Sicher waren keine klaren Gedanken in ihren Köpfen. Woran konnten sie denken? Wer konnte die Leere ihres Nachsinnens ausfüllen? Die Messe wurde lateinisch gelesen. Die Gebete waren für sie nur Formeln, nur Zaubersprüche, die sie nicht verstanden. Ihre Religion? Niemand hatte sie ihnen jemals richtig beigebracht. Sie waren da, weil es so Sitte war und weil man da sein mußte. Sie bekreuzigten sich, weil man sich bekreuzigen mußte, weil alle sich bekreuzigten und weil sie seit ihrer frühesten Jugend gesehen hatten, daß man sich bekreuzigte. Und sie knieten nieder und standen auf, und sie hörten verschwommen die Gesänge und Gebete, mit offenem Mund, zerstreut, mit abwesendem Blick, mit ihren Gedanken woanders...

Wo? Michelet sagt es uns.[5] Auf den Feldern. In den Wäldern. Auf der Heide. Bei der Zaubereiche, an der kalten Quelle, zu der im hellen Mondlicht die perlenbesetzten Schlangen und Drachen aus den Mythologien zum Trinken kamen. Im Grunde ihres verborgenen, beharrlichen und unabhängigen Herzens haben sie die Überlieferung von Kulten bewahrt, die man für ausgestorben hielt, ein latentes Heidentum, das in ihnen weiterlebte. Man sollte nicht vergessen, daß breite Strömungen eines volkstümlichen Naturalismus und instinktiven Pantheismus das gesamte Mittelalter und die gesamte Renaissance durchzogen. Den Menschen, die sich von ihnen verleiten, verführen und wer weiß wohin mitreißen ließen, hatte das Christentum eigentlich nur einen Begriff vermittelt: den des Teufels, dieses Gegen-Gottes der Verdammten. Und plötzlich rotteten sich überall Ketzer zusammen, die von den Ordnungskräften verfolgt, aufgespürt, gefoltert und vernichtet wurden. Dann trat eine große Stille ein und ein wenig später, an einem anderen Ort entstanden wieder neue Zusammenrottungen.

Manchmal trugen die hochgehenden Wogen Reste eines alten Kommunismus empor, eines alten, ländlichen Bauernkommunismus, der Anspruch auf Wasser und Bäume erhob, jene Güter der Allgemeinheit; auf die Fische aus den Flüssen, das Wild in den Feldern, das Holz aus dem Wald, seine Bienen, seine Eicheln, die Tiere mit rotem oder schwarzen Fell. Man muß sich diese schwerfälligen Bauern vorstellen, die bei heimlichen Unterredungen bei-

Amman Jost, 1539-1591, *Der Bauwer*, Holzschnitt

einander hockten, die sich bei plumpen Tänzen zu Paaren zusam-
menfanden, wie sie uns die alten deutschen Meister, Zeitgenossen
der sozialen Kämpfe zu Beginn des Jahrhunderts, auf ihren schönen Kupferstichen zeigen. Von der verlegenen Langsamkeit dieser
unentwickelten Wesen ging etwas Beunruhigendes, Verdächtiges,
Rätselhaftes aus, das ein wenig furchteinflößend war... Eine ungeheure Armee für Aufstände, die meistens nicht beachtet wurden,
lebte am Rande einer Zivilisation, die sie übersah, die sie ausschloß.
Doch manchmal erhob sich die wütende Masse zu einer Revolte
und stand einer Welt gegenüber, von der sie zermalmt und zurück-
gestoßen wurde.

Das war das untere Extrem. Es gab auch ein oberes Extrem. Es
gab die Welt der Gelehrten oder eine Welt, die als gelehrt galt, die

Handwerker und Geistliche klagen vor Gott über Luthers Lehre,
Holzschnitt von H. S. Beham, um 1524

kleine, abgeschlossene Welt der Schulen; zu ihr gehörten jene, die
lasen, die also lesen gelernt und etwas zu lesen hatten: Manuskripte
in den Klöstern, Bücher in ihren Regalen. Jene, die vor allem dis-
putierten und diskutierten und die ihren Glauben durch dogmati-
sche und theologische Argumente stützen konnten.

Wo standen sie am Vorabend der Reformation? Das wissen wir
sehr genau.[6] Sie waren fast alle von einer Doktrin eingenommen:
dem Ockhamismus, der Konstruktion eines kühnen und energi-
schen kritischen Geistes, der sich heftig gegen den Intellektualis-
mus des heiligen Thomas von Aquin zur Wehr setzte und den
Versuch des dominikanischen Doktors, den Glauben rational zu
interpretieren, für falsch erklärte. Mit unbeugsamer Härte griff er
alle thomistischen Versuche einer Versöhnung zwischen Vernunft
und Glauben an und reduzierte damit das christliche Leben einerseits auf das Einhalten von Bräuchen und das Vollbringen von
Werken, andererseits machte er das Christentum insgesamt zu einer Ansammlung von Behauptungen, die man ohne Nachdenken
und innere Anteilnahme glauben sollte: der Geist machte sich dem
Buchstaben untertan und das Individuum dem Klerus...

Sicher war die Doktrin von Ockham an sich weder mittelmäßig
noch minderwertig. Zu einer anderen Zeit hätte sie fruchtbar wer-

den können. Sie lief darauf hinaus, dem Menschen den Bereich der transzendentalen Spekulation, der Metaphysik als unzugänglich zu verbieten. Er galt als Bereich des geoffenbarten Glaubens, in dem die menschliche Vernunft sich als ohnmächtig erweist, und somit als ein Bereich, für den die Autoritäten zuständig waren, die die undiskutierbare Gewißheit des Dogmas diktierten. Aber die Kritik von Ockham verbot den Menschen keineswegs das experimentelle und positive Studium der Naturerscheinungen. Sie hätte die Denker am Ende des 14. und zu Beginn des 15. Jahrhunderts also zur Teilhabe des Menschen an Vernunft und Glauben führen können, die das Heraufkommen des neuen Denkens kennzeichnete. Der Vernunft wurde die Regelung des gegenwärtigen und irdischen Lebens überlassen, die Ordnung des Rechts, des Friedens, des Krieges, der Arbeit und des Reichtums. Die Religion war dagegen für den Kult der unvergänglichen Hoffnungen, die Größe der geoffenbarten Wahrheiten und die Versprechungen auf ein künftiges Leben zuständig.

Die ockham'sche Lehre wäre dazu theoretisch in der Lage gewesen. Aber die Zeit war noch nicht gekommen. Die Vorstellung einer experimentellen Wissenschaft war den Menschen des 14. Jahrhunderts noch zu fremd, da sie weder über deren Methode noch deren Instrumente verfügten. Durch Ockham aus dem Bereich der Metaphysik vertrieben, waren sie unfähig, ihren irdischen Bereich zu organisieren. Sie versäumten es sogar, die ganz naheliegenden psychologischen Tatsachen zu beobachten; sie wandten sich von der subjektiven Beobachtung ab und vertieften sich in das überaus abstrakte und sterile Studium der formalen Logik und der syllogistischen Beweisführung. So konstruierten sie eine leere und eitle Wissenschaft der Wörter, jene Mateologie, sprich Pseudowissenschaftlichkeit, gegen die sich zu Beginn des 16. Jahrhunderts alle Humanisten und Neuerer erhoben.

Es handelte sich um eine ungeheuer ernste Angelegenheit. Diese Übereinstimmung in den Bemühungen des niederen unwissenden Klerus, die Religion auf eine Ansammlung von Bräuchen zu reduzieren und eines gelehrten Klerus von Doktoren und Theologen, der sich ebenfalls (sicher aus erhabenen Gründen, doch mit der

Unnachgiebigkeit von Logikern) auf die buchstäbliche und demütige Befolgung der kirchlichen Befehle beschränkte, war deshalb eine ungeheuer ernste Angelegenheit, weil es vor ihren Augen die Masse der Gläubigen gab, die, von einem neuen Geist belebt, einen Gott und einen Glauben für sich haben wollte.

Nicht mit dem Verstande begreifen, sich das Verstehen verbieten. Seiner Vernunft und seinem Herzen das gewagte Sakrileg verbieten, das Dogma verstehen oder danach leben zu wollen. Das Dogma als inintelligibel für den Menschen ansehen. Mit Ockham bekennen, daß »jener, den man hier auf Erden kennt, nicht der wahre Gott ist«. Sich beugen, ohne nachzudenken und ohne innere Begeisterung autoritären Behauptungen glauben. Rein formale Bräuche befolgen, ohne etwas von sich selbst hineinzulegen, blind und buchstabengläubig Werke vollbringen: dies war das Gesetz, das der Klerus unter dem Einfluß des termininologischen Nominalismus und der Apologetik von Ockham in der gesamten abendländischen Welt den Gläubigen auferlegte. – Aber wer waren diese Gläubigen?

Sie waren zum großen Teil Bürger. Menschen mit einem klaren, logischen und präzisen Verstand. Menschen, die Initiative, Mut und Kühnheit besaßen. Gebildete Menschen, die die Bedeutung der Bildung und den befreienden Wert des menschlichen Wissens kannten. Sie waren selbstbewußte Menschen, möchte ich hinzufügen, die stolz auf sich waren, die sich mit ihren Ländereien, ihren Häusern und ihren Truhen voller Gold und Silber sicher eingerichtet hatten und nun natürlich darauf brannten, die alten Autoritäten durch ihre junge Autorität zu ersetzen – und sich vor aller Welt als das zu präsentieren, was sie waren: die Gewinner und Herren des Jahrhunderts.

Wie hätten sie diese durch und durch kirchliche und formalistische Religion, die man ihnen anbot, diese Religion voller Autorität, Gehorsam und Unverständnis – wie hätten sie eine solche ohne anfängliches Unbehagen und schließlich ohne Revolte akzeptieren können?

Aber, so könnte man fragen, wer kann das beweisen? Wo sind die Texte? Wo sieht man denn die tiefe Uneinigkeit zwischen dem elementaren religiösen Empfinden einer ganzen Epoche und Klasse und der herrschenden und triumphierenden theologischen Doktrin derselben Epoche?

Ich meine einfach, man muß sich die Kunstwerke ansehen – und die Klöster. Die Klöster? Sie waren voller Mönche. Man führt uns am Vorabend der Reformation immer wieder ein Christentum vor Augen, das am Ende war, eine religiöse Institution im Verfallsstadium.[7] War denn etwa die Kraft der Klöster, ihre Anziehungskraft in der Welt der Laien gebrochen? Wohl kaum! Die Klosterzellen quollen über von eifrigen Christen, von auserwählten Christen, die sich müde und erschöpft zurückzogen, weit fort von den Kirchen ohne Lehre, von den Schulen ohne Wärme. Diese Menschen suchten dort Nahrung für ihren Geist und Trost für ihr Herz. Mystizismus und Askese: eine notwendige und fatale Rache, derer sich all jene bedienten, denen die harte und sterile Lehre eines zum Terminismus degenerierten Ockhamismus keine befriedigende Nahrung geben konnte.

Sicher lag in diesem Mystizismus auch sehr viel Mutlosigkeit und Verzicht, eben das Gefühl, daß das Böse zu mächtig, die Welt zu schlecht sei, als daß der Gerechte in diesem Jahrhundert leben und kämpfen könnte. Das ist richtig. Aber man hat auch das Gefühl, daß es in dieser breiten mystischen Bewegung, die auch nach dem Anbruch der Reformation noch viele außergewöhnliche Menschen ergriffen hat, noch etwas anderes gab. Ich möchte hier nur Margarete von Navarra nennen, die Schwester von König Franz I. Man spürt so etwas wie den Protest all jener, die die religiöse Einstellung der Nominalisten, die stumme Übernahme des Priesterwortes, die kalte Ausführung von Riten und Werken nicht befriedigen konnte. Und schon allein das gibt uns schon Aufschluß über den wahren Geist der Zeit.

Aber es gibt einen weiteren Spiegel, der noch mehr aussagt, weil er nicht zur Ausstattung einer kleinen Anzahl gehörte, sondern Allgemeingut war – nämlich die Kunst, die religiöse Kunst des 15. Jahrhunderts, diese pittoreske, pathetische und menschliche

Kunst, die in dem schönen Buch von Émile Mâle so ausgezeichnet beschrieben wird.[8] Diese Kunst zeigt, wie sehr die Theologie hinter dem Jahrhundert zurückblieb; wieviel freier, menschlicher und moderner es war, als die Lektüre der philosophischen und scholastischen Abhandlungen der Zeit vermuten läßt. Lefèvre d'Étaples, der in seinem noch groben Latein so kompliziert und unzugänglich ist, der harte und schwierige Lefèvre war, fast auf den Tag genau, immerhin ein Zeitgenosse Leonardos. Er war ebenfalls – ein Vergleich, der nie angestellt wird – ein Zeitgenosse unseres großen Bildhauers Michel Colombe... Man wundert sich manchmal über die rasche Verbreitung der Reformation in der Bevölkerung. Aber man muß bedenken, daß, als die Gebildeten, die Gelehrten, die Prediger und die ersten Propagandisten der Reformation sich anschickten, eine Religion zu fordern, die ihren Bedürfnissen näher war, die persönlicher war und ihr Herz ansprach – das Volk in Frankreich schon seit Jahren von menschlichen Jungfrauen, schmerzlichen und tragischen Darstellungen von Pietà, Ecce Homo und Grablegungen an eine ihrer hieratischen Elemente entkleidete Religion voller Mitleid gewöhnt worden war, in der das Herz fortwährend direkt angesprochen wird. Und als die Reformierten später diese Bildwerke zerstörten, machten sie sich nicht nur des Vandalismus schuldig, vielleicht waren sie überdies in gewisser Weise undankbar gegenüber einer Kunst, die ihnen heimlich den Weg bereitet hatte.

Wenn ich ›das Volk‹ sage, meine ich damit natürlich das Bürgertum. Man sollte einmal die schöne Kathedrale von Bourges besuchen, deren hohes, strenges Schiff aus dem 13. Jahrhundert nicht von einem Querschiff durchschnitten oder zerstückelt, sondern von Kapellen eingerahmt wird, von denen die einen aus dem 13. und die anderen aus dem 15. Jahrhundert stammen. Dort kann man sich nicht gegen Ergriffenheit wehren, so stark ist der Kontrast zwischen den düsteren, kahlen und nackten Kapellen aus dem 13. und denen aus dem 15. Jahrhundert, welche einen vertrauten, heiteren und einladenden Anblick bieten. Man könnte sie als Zimmer bezeichnen, in denen wie auf den zeitgenössischen Bildern eine junge, elegante und vorgeneigte Jungfrau anmutig den Engel der

Verkündigung empfängt. All diese Kapellen der Fradets, der Beau-
caires, der Trousseaus oder des Jacques Cœur, die Kapellen der
Copins, der Leroys, der Tulliers und der Aligrets tragen die Namen alter Bürgerfamilien, die die Ausstattung, die Fenster und die
Altaraufsätze in Auftrag gegeben haben. Sie alle bezeugen unbestreitbar und authentisch die menschliche, gefühlvolle und pathetische Art und Weise, in der unter der Herrschaft des terministi-
schen Nominalismus, während des Triumphs des Ockhamismus,
die Repräsentanten des aufgeklärten Bürgertums, die reichen Kaufleute und kultivierten Gerichtsbeamten ihre Religion auffaßten
und ihren Glauben lebten.

Um jeden Preis der Welt entfliehen; sich in die Mauern einer Klo-
sterzelle flüchten. Wenn der Abend gekommen und die Arbeit
beendet ist, sich in der Lehre des Verzichts und der Kasteiung
verlieren. Oder auch in einer düsteren Kapelle über die schmer-
zensreiche Passion Christi meditieren, der unter der Dornenkrone
in Angstschweiß und Blut gebadet ist: ein ziemlich erbärmliches
Alibi für männliche und leidenschaftliche Seelen. Ein ungeheurer
Ausbruch von Freude und Hoffnung erfüllte die durch den Frieden erneuerte Welt. Die Zeit für einen stillen Rückzug in ver-
schlossene Zellen war vorüber. Jetzt war es an der Zeit, sich die
Ärmel aufzukrempeln wie Bruder Johannes – und sich beherzt an
die Arbeit zu machen...

Als das erste Viertel des Jahrhunderts anbrach, als das Bürgertum seiner Macht und Herrschaft ganz sicher war; als es mit seinem Gold und seinem Einfluß, durch Vermittlung der Fugger einen Kaiser (Karl V.) und einen Papst (Leo X.) an die Macht gebracht hatte; als die Druckkunst seinen Vorlieben, Neigungen und
geschäftlichen Interessen zu dienen begann – da erhob es sich und
machte sich an die Arbeit. Der Klerus spielte kaum eine Rolle. Er
sollte beiseite stehen und dem Bürger Platz machen, der stolz auf
seine Vernunft, der seiner Person und seiner Wissenschaft sicher
war, der fest im Sattel saß und ein ruhiges Gewissen hatte.

»Ich bete für dich zu Gott, mein Bruder«, flüsterte der Mönch
dem weltlichen Menschen zu. »Während du mit deinen Händen

und deinen Gedanken arbeitest und dich abmühst, die Deinen zu ernähren, will ich in meinem Kloster, demütig vor Gott, für dich, Sünder, Buße tun...«

Eine vollkommen mittelalterliche Vorstellung, die der moderne Mensch stolz zurückwies. Weshalb mischte dieser Mönch, dieser Mensch, dieser armselige und fehlbare Mensch sich ein? Weil er sich selbst retten wollte, nur darum ging es! Das Seelenheil wurde zu einer individuellen Angelegenheit. Jeder Mensch mußte am Ende seines Lebens im Angesicht seines Gottes seine Rechnung mit ihm begleichen – wie ein guter Kaufmann, der am Ende des Monats am Stichtag ganz allein und ohne Bürgen seine Unterschrift unter die Rechnungsbücher setzt.

Jedesmal wenn ich mir diese Geisteshaltung vorstelle, erscheint vor meinen Augen sofort eine Szene, die uns durch einen zugleich naiven und eindrucksvollen Bericht lebendig gemacht wird, den anonyme Zeugen festgehalten haben.[9]

Der Held dieser Szene ist Farel – Guillaume Farel, ein kleiner, magerer, sehr energischer Mann, ein Bergbewohner aus dem Gapençais, von schier grenzenloser körperlicher Widerstandskraft, dessen Leben ein einziger Abenteuerroman war. Das Schicksal verschlug ihn von Gap nach Meaux, von Meaux nach Gap, weiter nach Basel, Straßburg und Metz, von wo er eines Tages, als Leprakranker verkleidet, in einem Karren voller wirklich Kranker nach Montbéliard entfloh, dann weiter nach Neuchâtel, Lausanne und Genf, überall hin, wo es Auseinandersetzungen gab, wo der Klerus und die Neuerer einander gegenüberstanden. Von diesem kleinen rothaarigen Mann mit dem stechenden Blick, der eigensinnigen Stirn, der scharfen, spitzen Nase, dem schmalen Mund und seinem langen roten Kinnbart, der wie das Eisen einer Hellebarde gekrümmt war, handelt das beste, das authentischste menschliche Dokument über den französischen Protestantismus vor Calvin...

Dieser Mensch war ein Laie, ein ganz einfacher Laie. Er hatte keine Weihen bekommen, kein Amt als Priester. Anders als Luther oder Zwingli wechselte er nicht vom katholischen Priesteramt zum reformierten Prediger. Er wechselte vom reinen Laientum zum geistlichen Amt, voller Schaffensdrang, Autorität und Leidenschaft. Aber selbst seine Mitkämpfer waren manchmal erstaunt und auch ein wenig entrüstet.

Wir befinden uns in Dombresson, im schönen Tal von Ruz, das im Norden mit den engen Schluchten des Seyon an Neuchâtel grenzt, sich aber jenseits von Valangin und seinem alten Schloß zu einem muschelförmigen, lieblich grünen Tal erweitert. Wir sind also in Dombresson. Es ist Sonntag, der 19. Februar 1531, ein kalter, verschneiter Wintertag, aber nichts könnte Farel bei einer Propaganda-Tournee aufhalten. Der Pfarrer, Messire Guillaume Gallon, liest ruhig die Messe. Plötzlich kommen Fremde herein. Die einen kommen aus Bienne, die anderen aus Neuchâtel. Unter ihnen befindet sich Farel, der einen Moment lang zuhört, dann plötzlich aufsteht und dem Pfarrer zuruft: »Armer Mensch! Wollt Ihr nicht aufhören, den Namen Jesu Christi zu lästern?« – Der alte Pfarrer hält inne und erwidert: »Lästerung? Ich weiß wirklich nicht, wodurch, denn wenn ich es wüßte, würde ich es nicht tun!« Farel geht nach vorn: »Gebt mir Euer Buch, und ich will Euch zeigen, daß Ihr den Tod und die Passion unseres Herrn Jesus Christus völlig verleugnet, der sich einmal für uns geopfert hat und sich nicht noch weitere Male opfern muß!« – Und Farel nimmt ›das Buch‹ des Priesters, mit dem Text in der Hand erklärt er ihm die ›Gotteslästerung, die er begangen hat‹. Und zwar so überzeugend, daß der Priester seinen Irrtum eingesteht und vor den Mitgliedern seiner Gemeinde öffentlich bekennt, daß Meister Guillaume wahr gesprochen hat... Und, fährt der Autor des Berichts fort, dem ich getreulich folge: »Noch in dieser Stunde legte der Priester sein Gewand ab und gestand, daß er sein Amt schlecht verwaltet habe; voller Reue bat er Gott den Herrn um Gnade und versprach Gott, nie wieder eine Messe zu lesen. Und durch die Kraft und den Willen Gottes wurden noch in dieser Stunde die Götzenbilder in dem besagten Dombresson niedergerissen und verbrannt.«

Eine wahrhaft symbolische Szene, in der ein Laie vor dem Altar die Heilige Schrift in seine Hände nimmt und sie kommentiert, dem Volk erläutert und aus seiner Sicht heraus auslegt – und den alten, besiegten und überrumpelten Pfarrer dazu zwingt, seinem Glauben abzuschwören und sein Priesteramt niederzulegen.

»Noch in dieser Stunde legte er sein Gewand ab und gestand, daß er sein Amt schlecht verwaltet habe...«

Tatsächlich eine symbolische Szene, denn Guillaume Farel repräsentierte in Dombresson und anderswo nur sich selbst. Er war zwar nur ein einzelner Mensch, ein Individuum, wie eifrig, entschlossen und energisch er auch gewesen sein mag; hinter ihm stand jedoch eine ganze gesellschaftliche Klasse, die ihrerseits diese symbolische Geste vollzog und mit starkem und konsequentem Griff dem Altar, den Händen des bestürzten Priesters das Buch entriß, aus dem er lediglich vorlas, es aber nicht auslegte.

Nur zwei Gruppen blieben abseits stehen.

Da gab es auf der einen Seite in ihrer fest verschlossenen, gut geschützten Trutzburg Sorbonne Janotus de Bragmardo, Thubal Holophernes und deren Gefährten, diese elende, lächerliche und unbarmherzige Bande von Sorbonnisten. Jämmerliche Schulfüchse, die in ihrer Buchstabengelehrtheit verharrten, sich darauf beschränkten und nicht darüber hinaus sahen. Wirken sie nicht grotesk? Auf jeden Fall furchterregend, denn sie verkörperten die Gegenreformation. Zähneknirschend hielten sie schon nach dem Henker Ausschau.

Und gegenüber, am Gegenpol, stand die stumme Masse der Bauern. Was dachten sie? In einem Moment, in einer kurzen, tragischen Krise, konnte man es erfahren. Als Luther sich in Deutschland erhob und laut den Ruf nach Freiheit erklingen ließ, ging ein Aufatmen durch die bäuerlichen Massen. Die Parias, jene Leibeigenen und Elenden, die von allen unterdrückt und verspottet wurden, erhoben sich mit unvermittelter Kraft. Ihr alter Kommunismus, der durch das allgemeine Erwachen der Gefühle und des Denkens wiederbelebt wurde, ihr alter ländlicher Kommunismus kam voller Wut zum Ausbruch. Es gab eine Reihe von ohnmächtigen und wirren Aufständen, die ganz Deutschland erfaßten und alle Welt in Angst und Schrecken versetzten.

Das war die Reformation, die frühe Reformation, die bürgerliche und spontane Reformation von 1520 und 1530, die auf zwei

Grenzen stieß: auf den wütenden Widerstand der Theologen und den Tumult sozialer Revolutionen. Ein plötzlicher Stillstand. Eine heftige Krise. Was konnte man tun?

Was getan wurde, ist bekannt. Mit dem Bauern, diesem Störenfried, dessen große weiße Zähne furchterregend in seinem sonnenverbrannten Gesicht blitzten, hatte man schnell abgerechnet. Er wurde von den Herren, die hoch zu Roß saßen und durch ihre Rüstungen geschützt wurden, massakriert, und zwar freudigen Herzens. Und Luther applaudierte. Die große Masse der Bauern wurde zum Schweigen gebracht. Mit dem Körper waren sie stumm bei der Predigt oder der Messe anwesend. Und mit ihren Gedanken? Tausend, zehntausend, hunderttausend Scheiterhaufen, die zwischen 1530 und 1600 in ganz Europa brannten, zeigen uns, wohin ihre Gedanken gingen. Denn auf jedem dieser Scheiterhaufen verbrannten Hexen oder Hexenmeister, die von wahnwitzigen und verbrecherischen Richtern dazu verurteilt wurden, für imaginäre Verbrechen und für die zu offen zur Schau getragene Ketzerei zu büßen.

Und die Doktoren, die sich über die Reformation lustig machten und sie boshaft als soziale Revolution im Saustall begrüßten oder die neuen Geistlichen ironisch fragten: »Wo sind eure Urkunden? Woher kommt eure Amtsgewalt?« – triumphierten vorübergehend. Sie konnten nicht nur deshalb triumphieren, weil sie angesichts der Reformation einen erneuerten und angriffslustigen Katholizismus organisierten, sondern auch, weil sie durch ihre Opposition die Reformation dazu zwangen, eine Kirche zu bilden, Abgrenzungen vorzunehmen, ihre Grenzen teils mit Luther, vor allem aber mit Calvin festzulegen – Calvin, der, um die unüberschreitbare Linie deutlicher zu machen, sie mit Opfern markierte, vom Scheiterhaufen Servets bis zum Richtblock Bertheliers.

Ein blutiger Fehlschlag? Ja, aber nur scheinbar. Die Reformatoren konnten zwar Michel Servet verbrennen. Dennoch blieb die Toleranz notwendigerweise ein Kind der Reformation. Die Reformatoren mochten sich wohl hinter den engen Dogmen einer strikten Orthodoxie verschanzen. Dennoch blieb die freie Kritik zwangsläufig ein Resultat der Reformation. Es war Proudhon, der dies vor langer Zeit ausgezeichnet auf den Begriff gebracht hat, und zwar in einer Passage seines Werks von 1852: *Die sociale Revolution durch den Staatsstreich vom 2. Dezember 1851 erwiesen.* »Als Luther die Autorität der römischen Kirche und mit ihr die katholische Verfassung negiert und als Glaubensatz das Prinzip hingestellt hatte, daß jeder Christ das Recht habe, die Bibel zu lesen und nach der ihm von Gott ertheilten Einsicht auszulegen, als er auf diese Weise die Theologie weltlich gemacht, welcher Schluß war aus dieser glänzenden Vindication zu ziehen!

Daß die römische Kirche, die bis dahin Gebieterin und Erzieherin der Christen, nachdem sie in der Doctrin geirrt, ein Concilium wahrer Gläubigen versammeln müsse, welches die evangelische Überlieferung wieder aufzufinden suchen, die Reinheit und Vollständigkeit des Dogmas, das erste Bedürfniß der reformierten Kirche, wieder herstellen und zur Unterweisung eine neue Kanzel aufrichten sollte?

Das war in der That die Ansicht *Luther's* selbst, *Melanchthon's, Calvin's, Beza's,* aller Männer von Glauben und Wissenschaft, welche die Reform erfaßten. Die Folge hat ihre Täuschung bewiesen. Die Souveränität des Volkes, unter den Namen der *freien Prüfung* in dem Glauben eingeführt, wie sie es in der Philosophie war, konnte hier ebensowenig religiöses Bekenntniß, als philosophisches System haben. Vergebens versuchte man den protestantischen Ideen durch die einstimmigsten und feierlichsten Erklärungen eine Gestalt zu geben: man konnte die Kritik nicht im Namen der Kritik hineinziehen; die Negation mußte in's Unendliche gehen und Alles, was man thun konnte, sie festzuhalten, war im Voraus als eine Beeinträchtigung des Prinzips verurtheilt, als eine Usurpation an dem Rechte der Nachkommenschaft, als retrograder Akt. Und je mehr Jahre verliefen, je mehr Theologen sich trennten, desto mehr Kirchen entstanden. Und hierin bestand eben die Kraft und Wahrheit der Reformation, hierin ihre Rechtmäßigkeit, ihre Macht der Zukunft. Die Reformation war der Gährungsstoff der Auflösung, welcher die Völker unmerklich von der Moral der Furcht zur Moral der Freiheit hinführen sollte: *Bossuet,* welcher der protestantischen Kirche eine Sünde aus ihren Verschiedenheiten machte, und die Geistlichen, die hierüber erröbteten, bewiesen hierdurch insgesamt, wie sehr sie den Geist und die Trag-weite dieser großen Revolution verkannten.«[10]

Es war notwendig, diese ganze Passage von Proudhon zu zitie-ren – der schöne Teil eines noch schöneren Ganzen: diese großar-tige, genau komponierte Ausführung auf den ersten Seiten der *Socialen Revolution.* Auch heute, nachdem achtzig Jahre vergan-gen sind, könnte man es nicht besser sagen. Nein, man gestand dem kritischen Denken nicht den ihm gebührenden Anteil zu. Die Menschen, für die und von denen die Reformation gemacht wurde, mochten wohl am Ende des ersten Tages ermüdet innehalten, sich in einem Winkel ihrer alten Behausung niederlassen und dorthin ein paar Erinnerungsstücke, ein paar alte Möbel mitnehmen, um sich eine neue Bleibe zu schaffen, die auch wieder eng und abge-schlossen war. Aber das war nur eine Pause, ein vorübergehender Aufenthalt, der noch nicht einmal von allen bemerkt wurde. In ihnen steckte zu viel Lebenskraft, zu viel Energie, die sie zum Handeln trieb, zu viel revolutionärer Geist. Sie mußten ihre Auf-gabe bis zu Ende durchführen. Und das sollte noch mindestens drei Jahrhunderte dauern. Was aber stand am Ursprung der groß-artigen Entwicklung des philosophischen, politischen und religiö-sen Denkens?

Ein großes Jahrhundert, dem wir nun mit großer Überzeugung und wie Michelet in brüderlicher Bewunderung zurufen können: ›Das 16. Jahrhundert war heldenhaft!‹

Anmerkungen

DIE HAUPTASPEKTE EINER ZIVILISATION
Einleitung

1 *Revue bi-mensuelle des Cours et Conférences* (1925, Nr. 11, 15. Mai, S. 193-210; Nr. 12, 1. Juni, S. 326-340; Nr. 13, 15. Juni, S. 398-417; Nr. 15, 15. Juli, S. 578-593).
(Diese vier Vorlesungen wurden im Dezember 1924 in Mulhouse unter der Schirmherrschaft des *Comité des Conférences littéraires* gehalten.)

2 Zum Begriff der Zivilisation im allgemeinen und zu den verschiedenen Problemen, die er den Historikern stellt, siehe das kleine und sehr anregende Buch von A. Nicèforo, *Les indices numériques de la Civilisation et du progrès* (Paris, Biblioth. de Culture génerale, Flammarion [1921], 212 S.).

3 L. Febvre (zusammen mit L. Bataillon): *La Terre et l'Évolution humaine, Indroduction géographique à l'Histoire* (Paris, Renaissance du Livre, 1922, XXVI-472 S., *passim*, und vor allem der 2. Teil, Kap. III, S. 175 ff.).

4 Siehe in der *Revue du XVIᵉ siècle*, Jahrgang 1922, die Photographie eines eigenartigen Gemäldes aus dem 16. Jahrhundert, auf dem der Aufmarsch der »Parteien«, deren Körbe mit ihren traditionellen Gaben angefüllt sind, im Arbeitszimmer eines Verwalters abgebildet ist. M. Plattard hat dieses Bild, das von M. A. Lefranc stammt, in seinem kleinen Buch *L'Adolescence de Rabelais en Poitou*, Paris 1923, noch einmal abgedruckt.

DER MENSCH IN SEINER ZEIT
DER FRANZOSE IN DER RENAISSANCE

5 Zum Folgenden siehe die lebendige und gut dokumentierte, aber auch ein wenig idealisierte Beschreibung, die M. P. de Vaissière vom Leben der Landedelleute in seinem schon lange vorliegenden Werk *Gentilshommes campagnards de l'ancienne France*, Paris ²1903, geliefert hat. Siehe auch und in derselben Richtung einige seltsame Hinweise, die von einem anderen Gelehrten zusammengestellt worden sind: R. de Mauldela-Clavière, *Les Origines de la Révolution français au commencement du XVIᵉ siècle*, Paris 1889, S. 85-106. Über die spätere Zeit siehe L. Romier, *Le Royaume de Catherine de Medicis*, Paris 1922. – Schließlich beziehen wir uns natürlich auch auf die Texte, die wir bei der Abfassung von Kapitel XI *(La vie noble)* im zweiten Teil unseres Buches benutzt haben: *Philippe II et la Franche-Comté*, Paris 1912.

6 *Leben des Benvenuto Cellini*, übers. von Goethe, Frankfurt 1981, Viertes Buch, Kapitel 8, S. 424 ff.

7 Rabelais, *Gargantua und Pantagruel*, 2 Bde., Frankfurt/M. 1974, Buch IV, Kap. XI, Bd. 2, S. 58.

8 Siehe in den *Propos Rustiques* von Noël du Fail Kapitel VI: »La différence du coucher de ce temps et du passé« (Ed. La Borderie, S. 42).

9 *Catalogue des Actes de François Ier (Collection des Ordonnances des rois de France)*, Bd. VIII, Itinéraire, S. 481 [1533].

10 All diese und die folgenden Details stammen aus den vielfältigen Belegen, die in den Bänden des *Catalogue des Actes de François Ier* erwähnt werden. Erstaunlicherweise gibt es keine Untersuchung über den französischen Hof dieser Epoche. Für die folgende Zeit gibt es einige Hinweise in M. Deloche, *Les Richelieu, Le Père du Cardinal*, Paris 1923. François du Plessis, der Vater des Kardinals, wurde 1578 gleichzeitig zum »Prévôt de l'Hôtel« und zum »Grand Prévôt de France« ernannt, wodurch er die polizeiliche Aufsicht über den Wohnsitz und die Dependancen des Königs und die Rechtsgewalt über die Offiziere und Diener des königlichen Haushalts bekam. M. Deloche beschrieb seine Aufgaben im 2. Kapitel seines Buches, mit gelegentlichen Exkursionen in die Zeit vor 1578.

11 Siehe die Werke von H. Bouchot: die *Portraits au crayon du XVIe et du XVIIe siècle conservés à la Bibliothèque Nationale* (1884); *Quelques dames du XVIe siècle et leurs peintres* (1888); *Les Femmes de Brantôme* (1890): die letzteren sind *cum grano salis* zu lesen. *Histoire de la Peinture de Portrait en France au XVIe siècle* von L. Dimier (Paris – Brüssel 1924), begleitet von einem Katalog, in dem alle erhaltenen Zeichnungen und Porträts aus dem 16. Jahrhundert aufgeführt sind.

12 »Der Mund und die schmalen Nasenflügel und jener Gesichtsausdruck, der Gesichtern eigen ist, die lange mit Salben und Schminke behandelt worden sind, machen dieses Gesicht unansehnlich und beinahe lächerlich; die Falten am Kinn, ein Ergebnis des Alters, begleiten eine auffallende Magerkeit.« (L. Dimier, a.a.O., S. 55) Dieser Text mag unsere Skrupel zerstreuen und uns vom Vorwurf allzu großer Strenge freisprechen...

13 *Relations des Ambassadeurs vénitiens sur les affaires de France au XVIe siècle*, übers. von Tommaseo, Paris 1838, in-4, Bd. I, S. 107-108. – Siehe *ebd.* Relation de Marino Cavalli, 1547, S. 359-361.

14 Es gibt keine brauchbaren Studien zur Demographie Frankreichs im 16. Jahrhundert. Daher muß man sich auf die allgemeinen Angaben in Mathorez, *Les Étrangers en France*, Paris 1919, Bd. I, beschränken.

15 Siehe unsere Studie: *Types économiques et sociaux du XVIe siècle: Le Marchand du XVIe siècle (Rev. Cours et Conf.*, 23. Jahrgang, 1. Serie, Nr. 1 und 2, Dez. 1921 und hier S. 428-453).

16 Siehe: *Thomas und Felix Platters und Theodor Agrippa d'Aubignés Lebensbeschreibungen*, hrsg. von Otto Fischer, München 1911.

17 Erasmus von Rotterdam, *Von leichtfertigen Gelübden* (De Votis temere susceptis), in: *Vertraute Gespräche (Colloquia Familiaria)*, Köln 1947, S. 84-88.

1 Sie ist abgedruckt in *Pierre Viret d'après lui-même*, Lausanne 1911, S. 4, nach dem *Office des Morts de Viret* von 1552, S. 71.

2 Sinngemäß übersetzt: »*Ohne Brot bist zu verloren...*«

3 Dieser Gedanke stammt von R. de Maulde-la-Clavière aus seinem manchmal recht seltsamen, aber doch mit vielen nützlichen Angaben und malerischen Hinweisen versehenen Buch *Les Origines de la Révolution français au commencement du XVIe siècle: La veille de la Réforme*, Paris 1889, S. 3.

4 Über diese ökonomische Renaissance gibt es einige allgemeine Hinweise in Imbart de la Tour, *Les Origines de la Réforme*, Bd. I.

5 *Les Périodes de l'Histoire sociale du Capitalisme;* siehe unseren Aufsatz *Les nouveaux riches et l'Histoire* (*Rev. des Cours et Conf.*, 23. Jahrgang, 2. Serie, 15. Juni 1922).

6 Siehe L. Febvre, *Philippe II et la Franche-Comté*, Paris 1912, Buch II, Kap. X, S. 439 sgg.

7 Über die Anfänge der griechischen Typographie in Frankreich siehe den *Essai* von H. Omont (*Mém. de la Soc. d'Hist. de Paris, 1892*, Bd. XVIII).

8 Zur Illustration all dessen siehe das schöne Buch von A. Renaudet, *Préréforme et Humanisme en France pendant les premières guerres d'Italie*, Paris 1916.

9 Siehe: *Thomas und Felix Platters und Theodor Agrippa d'Aubignés Lebensbeschreibungen*, hrsg. von Otto Fischer, München 1911.

10 Platter selber bezeichnet sich in seiner Lebensbeschreibung als ›kleiner Schütz‹. [A. d. Ü.]

11 Dabei handelte es sich vielleicht um Du Chastel. Siehe R. Doucet, *P. Du Chastel, grand aumônier de France* (*Revue Historique*, 1920).

12 Siehe A. Renaudet, *Jean Standonk, un Réformateur catholique avant la Réforme* (*Bull. de la Soc. de l'Hist. du Protest. Français*, Januar und Februar 1908).

13 Rabelais, a.a.O., Bd. 1, S. 134.

14 Siehe: *Félix et Thomas Platter à Montpellier*, Montpellier 1892, S. 146-147.

15 Über die Verbreitung und das Fortbestehen dieses Glaubens im alten Frankreich siehe Jobbé Duval, *Les idées primitives dans la Bretagne contemporaine*, Paris 1920.

16 Über all diese Autoren und ihren Einfluß auf die Philosophie siehe die hoch interessante Arbeit von (H.) Busson, *Les Sources et le Développement du Rationalisme de la Littérature française de la Renaissance*, Paris 1922.

17 Um nur einen dieser Abenteurer des Wissens zu erwähnen, verweisen wir auf Belon, dessen Lebensgeschichte von M. Delaunay in der *Revue du Seizième Siècle* (1922 und 1923) erzählt wird.

18 Siehe die Karten im zweiten Band der *Bibliotheca Bio-Bibliografica della Terra Santa e de l'Oriente Francescano* von P. Girolamo Golubovitch, Karatschi 1913.

DAS STREBEN NACH SCHÖNHEIT

1 *L'art religieux à la fin du Moyen Age en France.* Die erste Ausgabe des Buches stammt aus dem Jahr 1908. Die zentrale These, die es enthält, wurde von Émile Mâle schon 1904 in Aufsätzen in der *Gazette des Beaux-Arts* entwickelt (3. Jahrg., Bd. XXXI).

2 Wir haben durchaus nicht die Absicht, eine kritische Studie des Buches von Mâle zu verfassen. Es gäbe dazu noch manches zu sagen, insbesondere über seine Fehleinschätzung der italienischen Vorbilder.

3 Jacques Mesnil, *L'art au nord et au sud des Alpes à l'époque de la Renaissance,* Paris – Brüssel 1911, S. 50 ff.

4 Französische Übersetzung im Werk des Grafen A. Raczsynski: *Les arts en Portugal,* Paris 1846. Vergl. deutsche Ausgabe: Francisco de Hollanda, *Vier Gespräche über die Malerei geführt zu Rom 1538,* Originaltext mit Übersetzung, hrsg. von Joaquim de Vasconcellos, Wien 1899, S. 29.

5 Siehe dazu Plattard, *L'adolescence de Rabelais en Poitou,* in: Les Belles Lettres, Paris 1923, S. 11 ff.

6 Sein Werk ›*De architectura*‹ wurde erst 1547 ins Französische übersetzt, aber es wurde in Frankreich natürlich schon vorher gelesen, entweder im lateinischen Original oder in einer kommentierten italienischen Übersetzung.

7 Zu den Beziehungen zwischen Rabelais und Philandrier vgl. Heulhard: *Rabelais, ses voyages en Italie, son exil à Metz,* Paris 1891, S. 274 ff.

8 Er lernte ihn 1536 in Rom kennen.

9 Aus Beispielen, die L. Sainéan *(La Langue de Rabelais)* zitiert, geht hervor, daß die Wörter ›*Architektur*‹, ›*Architekt*‹ zwischen 1539 und 1546 in der französischen Sprache auftauchen.

10 Interessante Anmerkungen zu diesem Thema finden sich bei Jacques Mesnil, a.a.O., S. 57 ff.

11 Zu dieser Kunst siehe L. Dimier, *Le Primatice,* Paris 1900.

12 Dimier, *Histoire de la Peinture de Portrait en France au XVIᵉ siècle,* Paris/Brüssel 1924, S. 32 ff.; vgl. auch S. 117 ff. zu Cornelius von Lyon und zum Italianismus zur Zeit von Heinrich III.

DAS STREBEN NACH DEM GÖTTLICHEN

1 Zur Romreise Martin Luthers vgl. H. Böhmer, *Luthers Romfahrt,* Leipzig 1914, und die Biographie von O. Scheel, *Martin Luther,* Bd. II *(Im Kloster),* Tübingen 1917.

2 Jules Michelet, *Histoire de France: la Renaissance,* Bd. II, Kap. VII.

3 Nützliche Hinweise zu diesem Thema finden sich in dem bereits zitierten Werk von R. de Maulde-la-Clavière, *Les Origines de la Révolution francaise au commencement du XVIe siècle,* Paris 1889, S. 159 ff. Vgl. auch die jüngsten Artikel von P. de Vaissière in der *Revue du Clergé de France* über die *Curés de Campagne.*

4 E. Longin, *Le Manuscrit de Jacques Cordelier de Clairvaux (1570-1637)*, das in den *Mémoires de la Société d'Émulation du Jura*, Jahrg. 1898 veröffentlicht wurde. Der Text, den wir wiedergeben, befindet sich auf S. 283 der Veröffentlichung von E. Longin.

5 J. Michelet, *Histoire de France*, Introduction à la Renaissance, § 12.

6 Besonders seit dem Erscheinen des ausgezeichneten Buches von A. Renaudet, *Préréforme et Humanisme à Paris pendant les premières guerres d'Italie*, Paris 1916. Zum Ockhamismus vgl. S. 61 ff.

7 Zu allem Folgenden siehe das Buch von A. Renaudet, der die zahlreichen und engagierten Versuche einer Klosterreform herausgearbeitet hat, die im ersten Viertel des 16. Jahrhunderts in Frankreich aufeinander folgen.

8 *L'art religieux en France à la fin du Moyen Age*, Paris 1908.

9 Dieser Bericht befindet sich in der kostbaren Sammlung von *Documents inédits sur la Réformation dans le Pays de Neuchâtel* von Arthur Piaget, Neuchâtel 1909, Dokument 52, S. 134 ff.

10 Bremen ²1878, S. 39 ff.

LUCIEN FEBVRE, 1878-1956, war Professor für Geschichte am Collège de France und, gemeinsam mit Ernst Bloch, der Begründer der *Annales*-Historiographie.
Von Lucien Febvre erschienen außerdem in deutscher Sprache, *Das Gewissen des Historikers*, Verlag Klaus Wagenbach, Berlin 1988.

LUCIEN FEBVRE
Das Gewissen des Historikers

Die einflußreichsten Schriften des Mitbegründers der ›Neuen Geschichtsschreibung‹ in Frankreich: Über Geschichte als Wissenschaft vom Menschen und seiner Vergangenheit. »Lucien Febvre schuf ein Werk von äußerst persönlicher Handschrift. Daß der vorliegende Auswahlband dieses im ganzen Funkeln seiner Widersprüche zeigt, macht ihn einstweilen im deutschen Sprachraum zur anregenden Kostprobe.« Joseph Hanimann in der FAZ.

Herausgegeben und aus dem Französischen von Ulrich Raulff.
Allgemeines Programm. Broschur. 256 Seiten mit einem Leporello.

NATALIE ZEMON DAVIS
Der Kopf in der Schlinge   Gnadengesuche und ihre Erzähler

Wie erzählt man eine Geschichte, um seinen Kopf aus der Schlinge zu ziehen? Wie erzählt sie eine Frau, wie ein Mann? Berichte aus den Archiven von Lebensgeschichten unterm Strang. »Natalie Davis' Spürsinn für Erzählnuancen, für die verräterischen kleinen Hinzufügungen und Weglassungen, für all das, was zwischen den Zeilen nur zu lesen ist, hebt das Buch über wissenschaftliche Fachliteratur hinaus. Diese Geschichten sind ein Lesevergnügen.« Norbert Schindler in der FAZ.

Aus dem Amerikanischen von Wolfgang Kaiser.
Allgemeines Programm. Englische Broschur. 176 Seiten mit vielen Bildern.

YOSEF HAYIM YERUSHALMI
Zachor: Erinnere Dich!
Jüdische Geschichte und jüdisches Gedächtnis

»Zachor!«, die biblische Aufforderung, ist ein lebendiger Imperativ für das jüdische Volk gewesen – und einer der Schlüssel für sein Überleben. Dennoch konfrontiert uns Yerushalmi mit einem scheinbaren Widerspruch: Obwohl die Juden durch die Jahrhunderte hindurch beständig in der Gegenwart ihrer Vergangenheit lebten, spielte die Geschichtsschreibung bei ihnen bestenfalls eine untergeordnete Rolle. »Hier wird die Divergenz zwischen orthodoxem Judentum und Geschichtsschreibung verständlich.« Peter Honigmann in der FAZ.

Aus dem Amerikanischen von Wolfgang Heuss.
Allgemeines Programm. Broschur. 144 Seiten.

CARLO GINZBURG
Hexensabbat

Mit diesem Buch, das gleichzeitig in sieben Sprachen erscheint, hat der italienische Historiker Carlo Ginzburg die Geschichte der Hexen neu geschrieben.

Bisher interessierte der Hexenprozeß die historische Forschung aus der Sicht der Inquisition, unabhängig von ihrem Standort. Ginzburg untersucht das gesamte historische Phänomen der Hexe. Ausgehend von den Geständnissen gelingt ihm so eine geniale Spurensicherung in Volksbräuchen und der heidnischen Mythologie. Er deckt Zusammenhänge auf zwischen dem germanischen Mythos vom wilden Heer, der Gefolgschaft der griechischen Göttin Diana und der Vorstellung von baltischen Werwölfen und eurasischen Schamanen. Indem Ginzburg diese weitverzweigten Phänomene der Abweichungen miteinander verknüpft, erreicht er sein Ziel: die Entzifferung der faszinierenden nächtlichen Geschichte des Hexensabbats.

»Ginzburg ist einer der erfolgreichsten Gelehrten seiner Generation.« Gustav Seibt in der FAZ.

Aus dem Italienischen von Martina Kempter.
Englische Broschur. 320 Seiten mit vielen Bildern.

»Ah, another damned, fat square book!
Always scribble, scribble, scribble, eh?«
The Duke of Gloucester (1760)

Oliver Lawson Dick
Das Leben: Ein Versuch
John Aubrey und sein Jahrhundert
»Das grandiose Fragment, das dieser Antiquar uns hinterlassen hat,
ist eine Mahnung an diejenigen, die die Beschäftigung mit dem Historischen
nur als Kompensation von Modernisierungsverlusten begreifen.«
Patrick Bahners in der FAZ
Aus dem Englischen von Robin Cackett
Englische Broschur. 192 Seiten mit Abbildungen

Edith Sitwell
Englische Exzentriker
Eine Galerie höchst merkwürdiger und bemerkenswerter Damen und Herren
»Man sollte das Buch wie eine kostbare Torte behandeln –
nur zu besonderen Anlässen ein Stück.«   Klaus Völker im TIP
Mit einem Nachwort und aus dem Englischen übersetzt von Kyra Stromberg
Englische Broschur. 176 Seiten mit vielen Abbildungen

Brian Vickers
Francis Bacon
»Bedenke, das die Jahre vergehen, und achte darauf,
nicht immerfort das gleiche zu tun.«   FRANCIS BACON
Brian Vickers gibt einen Überblick über das Leben und Werk eines großen
Wissenschaftlers, der zugleich einer der mächtigsten Politiker seiner Zeit war.
Aus dem Englischen von Reinhard Kaiser
Kleine Kulturwissenschaftliche Bibliothek 3
Englische Broschur. 80 Seiten

Keith Thomas
Vergangenheit, Zukunft, Lebensalter
Zeitvorstellungen im England der frühen Neuzeit
»Eine wahrhaft utopische Vision muß darauf bedacht sein,
die Menschen zu gemeinsamem Handeln anzustiften, um hier und jetzt
die Welt zu verändern.«   KEITH THOMAS
Die in diesem Band gesammelten Essays zeigen anhand einer Fülle von
Material, warum die moderne englische Gesellschaft wie keine andere mit
Tradition und Fortschritt zugleich assoziiert wird.
Mit einem Vorwort von Peter Burke
Aus dem Englischen von Robin Cackett
Kleine Kulturwissenschaftliche Bibliothek 10
Englische Broschur. 112 Seiten